綿矢りさ《ナビゲーター》が選ぶ名場面

みんながみんな、美しい

「絵のひとつひとつがかわいくて女の子向け」
「暗がりのシーンでも色がきれいで、
真っ暗な映画館で観てほんとうによかった」と、
映像の美しさに賛辞を贈るのは綿矢りささん。
綿矢さんが見出す“美しさ”とは。

テンションがあがる登場パターン。“ヒーロー”、ハウル。顔が近い！

子どもをあやすおもちゃのような、
魔よけアイテムに埋め尽くされた部屋でおびえているハウル。
ソフィーが王宮に行ってくれるとなると、
ソフィーのとまどいなどおかまいなく無邪気に喜ぶ情けなさ！

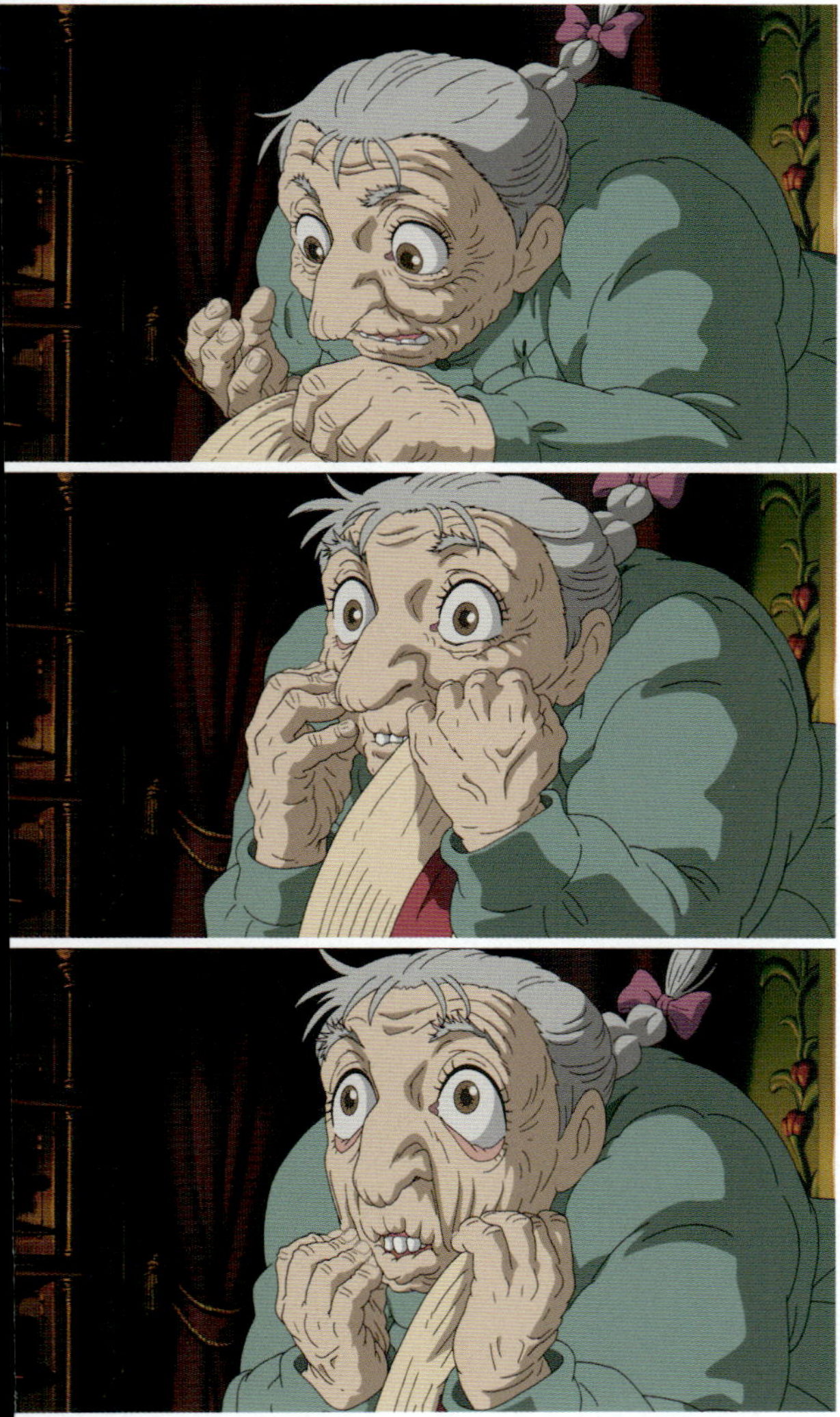

おばあちゃんになってしまった自分の姿を初めて鏡で見るソフィー。
顔の皮をぐいぐい伸ばして確かめている様子が、『きゃー、どうしよう！』という感じじゃない。
この時のソフィーはもう、見かけだけではなく、
中身も老成してしまっていることが見てとれる。

老いた人ならではの色素の薄い灰色のキラキラした瞳。
魔女じゃなくなっておばあちゃんになってもハウルの心臓が欲しい。
欲深いというよりもっと純粋なサガ。切なくものがなしいのに
やさしくユーモラスに表現されている。

見たこともないような青い空ときれいな風景。
そんな中を、フジツボをびっしりつけた岩のようなものが、
明らかにか細すぎる足で降りて来る。
がっしゃんがっしゃんと鉄っぽいのだけれど、
『生きてる』という感じがはっきりとした。

シャーンと不思議な音をたてながら、花火みたいな星の子が水面を駆け、尾をひいてハウルに向かって落ちる。聖なる力を思わせるシーン。

まっすぐなあまりに突っ走るハウルの性格が、悪魔との契約を選ばせたんだと思う。

ジブリの教科書13

ハウルの動く城

文春ジブリ文庫

ジブリの教科書13　ハウルの動く城　目次

Part3

作品の背景を読み解く

GHIBLI

ジブリの教科書13

ハウルの動く城

本物の美しさとは何か

ナビゲーター
綿矢りさ（作家）

『ハウルの動く城』を映画館で観たとき、まずは空の色彩の美しさに目を見張った。みずみずしく澄み渡る青さ、もくもくとした雲の色まで甘くておいしそう。あんな青空は他のアニメでも実際の空でも見たことがない。臨死体験したときに見るという、三途の川のあるお花畑の風景と似ているのかなぁと思った。まるで天国みたい、そんな場所へあり得ない造形の〝動く城〟がしっちゃかめっちゃかな動きで駆け下りてくるのだから、思わず心の躍るユーモラスさだ。あまりに現実離れしすぎていて〝想像力のその先を行く〟という言葉が当てはまる。

もっとも好きな場面は、カルシファーが水をかけられて城が崩れたあと、ソフィーが壊れたドアを通じて、ハウルの子ども時代にタイムスリップするところ。幼いハウルは流星を飲み込んで、カルシファーとなる炎の心臓を自らの身から取り出す。魔法を使っての、命の契約だ。湖を水切り石のように移動する流星は美しいが、実はとても危険なことを幼いハウルは試みている。なにがそこまで彼を追い詰めたのだろうか。幼少期、ずっと一人で住んでいた、と言っていたから、そうした孤独が野心を育て、魔力への探求に心を向かわせたのだろうか。対象者の心を奪い最終的には異形の怪物へと変化させる流星の力は、恐ろしい。しかしこのシーンでは、聖なる力を感じさせる。

光を飲み込み、ハウルは自分の魂を精製して身体の外に出す。魂は身体の内でずっと守り続けるより、外界で苦労して修行して浄化されて、最後ハウルの元へ戻ってくる。

宮崎駿監督が本作の公開当時、ドキュメント番組で「ハウルはかっこいいので、声は同じようにかっこいい木村拓哉さんに頼んだ」という内容のことを話していたのが、印象に残っている。聞いたときには、「けっこう単純な理由だなぁ」と驚いたけど、実際に本作を観たら、監督の言葉にはとても頷けた。初登場シーンで颯爽と現れたハウルの、ささやく、という声の行為にうぬぼれを際立たせる技は、やはり長年本当に美しい容姿だった人にしかできないのではないだろうか。本作で彼は木村拓哉の色を徹底的に消してハウルを演じていた。あんなに有名で確固としたイメージがあるのに、本人を意識させず、ただ〝ハウルの声〟が劇中にはあった。「イキがって、かっこつけた声」ではなく、「ナイーブさや激しさを奥底に隠した、少しかすれて色気のある自然にかっこいい声」のイメージは、ハウルによく似合っていた。

ハウルが「美しくなかったら生きていたって仕方がない」とつぶやくとき、ソフィーは「私なんて美しかったことなんて一度も無いわ」と叫び返す。このやりとりに二人の美に対する価値観の違いがよく出ている。不思議なことに、美の価値観は本人の美醜はそれほど重要ではない。ハウルはうぬぼれすぎているし、ソフィーは卑下しすぎている。このズレが物語をエネルギッシュに動かす。

ソフィーは荒地の魔女の魔法で、少女からいきなり九十歳のおばあさんへ変身させられてしまう。しかし彼女はそのショックからは案外すぐ立ち直る。老いぼれた身体で階段を上ったりしてひいこら言いながらも、おばあさんになった自分に実はほっとしている。妙に老成した自分の性格や容姿にはおばあさんくらいがぴったりだ、と本人は思っているかもしれないが、本当はもっと彼女の心理の根の深い部分が関わっている。

もともとソフィーは地味な自分に自信がないというか、お針子さんの職について、お飾りいっぱいの華やかな帽子を生産するいっぽうで、自分は飾りのほとんどない使い古した帽子をかぶっている。美しい妹と母に圧されて存在感を薄くしながらも、文句も言わずに生きている。いっそおばあさんになって、ハウルやマルクルのために料理したり掃除したりしている方が本人も気が楽、頼られる分存在感が増してうれしい、と感じるくらい。

私がソフィーに対して、苦労してきたんだなと胸が痛くなる点は、彼女が〝お母さん〟を飛び越えて〝おばあさん〟にまでならないと、安心できないのかと思わせるところだ。彼女がハウルやマルクルのためにやってあげる家事は〝お母さん〟の役割だ。恋の相手に見られるのが嫌なら、魔法が解けかかったとき、ちょうどお母さん世代の中年女性に変化してもいいはずだ。でも多分、ソフィーには、まだまだ現役のオンナで子どもを放ったらかしの自分のお母さんのイメージが頭にあって、〝おばさん〟になったくらいでは安らげないのだろう。保身のために嘘の演技をしてまでソフィーを騙す彼女の母親からは、愛情を感じられない。おばあさんくらいまで枯れきらないと辛い目にあう、と臆病な深層心理がほの見える。

ソフィーにかかった魔法は、彼女の気の持ちよう次第でやわらぐこともあり、彼女は寝ている無意識のときやハウルへの恋に気持ちが躍っているとき、度々少女の姿に戻っている。でもハウルにきれいだと言われた途端、急にまたおばあさんに戻ってしまう。「年よりのいいとこはなくすものがすくないことね」と呟きながら。若さに固執するのも不自然だけど、老いに固執するのも不自然だと、観ている方は疑問を持つ。だからソフィーがハウルと新しくできた家族のために若い姿のまま奮闘するときは、がんばれ！　ありのままが一番似合ってるよ、自信を持って！　と応援したくなる。それはきっとハウルも同じで、ソフィーを好きになってゆくにつれ、彼女の自己肯定の低さにじれったさを感じただろう。

ソフィーとは反対に、若さや美しさに並々ならない執着心を燃やしているのが、荒地の魔女とハウルだ。荒地の魔女は自分自身が美しくあり続けたいというより、美しいものを手に入れたい願望が強い人。若い心臓が好物の彼女は、現実の世界においては、あけすけに言えば老いても性欲が旺盛な人、みたいな位置づけなのだろう。サリマンに若作りの魔法を強引に解かれて、すっかりきょときょとした、ちょっとモウロクが入っていそうなおばあちゃんの姿になっても、まだカルシファーにうっとりしたり、ハウルの心臓に執着を示す。

荒地の魔女がソフィーの懇願によってようやく、ものすごく欲しがっていたハウルの心臓を返したとき、正直ハウルが生き返ったときよりも戦争が終わったときよりも感動した。自分が盗ったくせに「大事にするんだよ」となぜか上から目線でソフィーに心臓を返すあたりが相変わらずだなと思いつつも、「ありがとう、おばあちゃん！」とソフィーが喜ぶのと同じくらい、うれしかった。年を取りまくってからでも成長できるんだな、本人が望めば、と荒地の魔女がもっと好きになった。

ハウルは自分が美しくい続けたいタイプの人間だ。彼はどんなときも凛々しい笑顔を絶やさないのが、少し痛々しい。外面を整えるのが板についてしまって、素顔を簡単にさらけ出せないでいる。王子様のように登場してソフィーを助けるも、実は自分のごちゃごちゃに彼女を巻き込んだだけだったり（おまけにソフィーはまったく無関係にもかかわらず、おばあさんにされつぃまった！）、国王に召集をかけられても自分が行きたくないからとソフィーに行かせたり、理想の王子様と違ってずいぶん軟弱なところがある。

しかし彼の徹底した美の追求と努力を見ていると、〝外面の美しさを真摯に追い続ける情熱は、内面の美でもあるのだな〟と思う。戦争を許さない気性の激しさといい、カルシファーが城を動かすほどの炎の威力を持っているのからも分かるように、カルシファーの心臓の持ち主であるハウルもまた、クールそうに見えて熱い男なのだ。

彼は自身の美しさの理想が高いだけではなく、戦争の無い社会に対する理想も高い。自ら戦線に飛び込んでいって、爆弾を積んだ飛行機を破壊する。それは間違ってはいないのだが、間違っている。なぜなら結果的には戦争に加担しているのと同じになってしまうからだ。

戦いが終わり、ようやく鎧を脱ぎ捨てて安らげる家族の元へ帰る。しかし戦いの記憶は、傷痕は、我が家のドアを開けた途端に消え失せるものではなく、残り続ける。完全には癒やされないまま闇は堆積してゆき、ついには人格を変えてしまう、戦いのモードから戻れなくなってしまう。そうなる前にハウルをやめさせなきゃ、とソフィーが気づけたのは、もちろんハウルを愛していたからだろうが、彼女が自分自身に夢中になりすぎずに他者の様子をよく見る〝お母さんの目〟を持っていたからだろう。

ハウルがとことん自分の肉体の美を追い求めるのに対して、ソフィーは美しくありたいと思うとき、まず掃除から始める。環境を整えてこその生活の美しさを追求する。おもしろかったのが、気をきかせたハウルがソフィーが昔から住んでいたきれいな家を魔術で作り出すが、ソフィーはあんまり執着しなかったところだ。それどころか家族を養い守ろうと頑張るハウルを見て「ハウルは情けないほうが彼らしい」とまで言って、ハウルの戦いに対する意気込みを減らそうと、きれいな家から出て行ってしまう。家にしろ家族にしろ、ソフィーは形や見かけだけが美しくある状態を望まなかった。ソフィーはぼろぼろでも逃げ惑っていても、家族全員が一緒に生きて協力する状態こそ、本物の幸せだと気づいていた。

ハウルもソフィーもどちらも美の価値観において偏りがあったけど、二人がいっしょにいれば欠けた部分を補い合って、個性は個性のまま幸せに生きていける。二人とも自分たちの家族を欲しがったのは、そんな補い合う喜びに目覚めたからかもしれない。彼らが笑い合うラストを見ると、短所を持った生き物たちが集まり仲良しを作り出す平和にこそ、本物の美しさはあると感じる。

わたや・りさ●一九八四年京都府生まれ。早稲田大学教育学部卒業。二〇〇一年『インストール』で第三八回文藝賞を受賞しデビュー。二〇〇四年『蹴りたい背中』で第一三〇回芥川賞を受賞。二〇一二年『かわいそうだね？』で第六回大江健三郎賞を受賞。ほかに『夢を与える』『勝手にふるえてろ』『しょうがの味は熱い』『ひらいて』『憤死』『大地のゲーム』『ウォーク・イン・クローゼット』がある。

Part1

映画『ハウルの動く城』誕生

興行収入三百四億円という未曾有の成功を収めた『千と千尋の神隠し』。宮崎駿監督は公開翌年の秋、次作の構想メモを書き上げた。

しかしそれからの二年間には、鈴木敏夫プロデューサーが「宮さんが最も苦労した作品」というほどの困難が待ち受けていた。〝動く城〟のデザイン、ストーリーのまとめ方、若いスタッフとのぶつかり合い――。鈴木プロデューサーもまた、〝宣伝しない宣伝〟、あるいは木村拓哉の主役起用など、野心的な試みに踏み込んだ。

その結果、『ハウル』は、大成功作の次という重圧を軽やかに乗り越えたのである。

スタジオジブリ物語
時代を反映した『ハウルの動く城』

TV特番内での新作発表

二〇〇二年七月二十一日、日本テレビで放送された『猫の恩返し』(森田宏幸監督)特番の中で鈴木敏夫プロデューサーが登場、二〇〇三年二月より宮崎監督の新作に着手すると発言した。またあわせて九月より二〇〇三年二月まで、スタッフ充電のための一時帰休を行うことも発表された。この新作が、二〇〇四年十一月二十日より公開された『ハウルの動く城』である。

原作はイギリスのファンタジー作家、ダイアナ・ウィン・ジョーンズが一九八六年に発表した『魔法使いハウルと火の悪魔』(徳間書店)。ファンタジー史を取り扱った長編評論『物語る力』(シーラ・イーゴフ　偕成社)では、火の悪魔カルシファーに代表されるキャラクターの魅力に加え、ストーリー性とスピーディーな語り口を兼ね備えた軽妙なファンタジーとして高く評価されている。

宮崎監督はこの原作のどこに魅力を感じたのだろうか。鈴木敏夫プロデューサーは、次のように語っている。

「宮さんは、『HOWL'S MOVING CASTLE』という原題に興味を惹かれたんです。『城が動くって、面白いよ』と。しかもヒロインは、魔法をかけられて九十歳のおばあちゃんになってしまう。この二つの要素があれば映画になると宮さんが言ったことがキッカケでした」(『ロマンアルバム　ハウルの動く城』徳間書店)

二〇〇二年十月に宮崎監督は、映画制作にあたってスタッフにあてた「準備のためのメモ」(五九ページ参照)を書いている。その中でこの原作の特徴について次のように分析している。「この作品は、子供向けのクリスマス劇として構想されたのではないかと思われます。伝統というには大げさですが、イギリスにはクリスマスに子供達が演劇を楽しむという習慣があるようです。(略)ハウルの家とはどんな所でしょう。舞台の中央にカルシファーの暖炉があり、着ぐるみの炎が、しゃべったり、のびあがったりしています。左右に四つのドアと一つの窓。ドアを開けると次々と別の世界があらわれます。劇は説明的なセリフ(ひとり言も多い)で進行します。あとは、四つのドアから沢山の登場人物が出たり入ったり、大声で喋り、ののしり、笑い、泣き、大団円では、すべてがその舞台に登場してたたかったりだきあったり大ドタバタでハッピーエンドになるわけです」

そして宮崎監督はこうした分析の上で「クリスマス劇として原作を捉えてみると、この作品がよく理解できますが、だからといって映画化に役に立つわけではありません。

むしろ途方にくれてしまいます」と、映画化が困難な試みであると説明している。

三人の作画監督

宮崎監督は「準備のためのメモ」をまとめた二〇〇二年十月より絵コンテに着手。またあわせてCGで城をどのように表現するかなどの具体的な制作準備も始まった。

またメインスタッフは作品のイメージをつかむため九月にフランス・アルザス地方のコルマール、リクヴィルなどの町を訪れた。

アルザス地方には、白い漆喰の壁に柱や筋交いの木組みを浮き立たせたコロンバージュ（ハーフ・ティンバー様式）による建物が残っている。この伝統的な木組み構造による建物のある風景は、作品の中にも具体的に生かされることとなった。このほか年代を経た建物特有の歪み方、ヨーロッパ特有の湿度の低い空気感、石畳特有の光線の当たり方などが、背景を描くにあたって参考になったという。

作画インは一時帰休が明けた二〇〇三年二月。ここから本格的に制作がスタートした。

作画監督は山下明彦と稲村武志でスタート。山下はOVA『ジャイアントロボ THE ANIMATION 地球が静止する日』（一九九二年）、『STRANGE DAWN』（二〇〇〇年）などのキャラクターデザイン・作画監督で知られ、宮崎作品は『千と千尋の神隠し』が初参加。同作品では、千尋とハクが空中をダイビングするクライマックスシーンを担当した。『ハウルの動く城』では、宮崎監督のラフを踏まえつつキャラクターの演技付けを中心に手を入れて、作品の方向性を決めた。

稲村は、これまでのジブリ作品で原画として腕を振るってきた社員アニメーターの中核の一人。ジブリ美術館用短編『くじらとり』を演出アニメーターとして手がけた経験はあったが、長編の作画監督は初挑戦。山下とともにキャラクター設定などを手がけ、実作業では表情のニュアンスなどを中心に手を加えた。

また、途中からは高坂希太郎も三人目の作画監督として参加。高坂は自らの監督作『茄子　アンダルシアの夏』（二〇〇三年）を完成させてからの参加で、『千と千尋の神隠し』に続きジブリ作品で作画監督を担当するのは四本目。難易度の高いカットの修正などを主に手がけた。

美術監督は武重洋二と吉田昇の二人体制。武重は『千と千尋の神隠し』に続いて長編四作目となる美術監督。『千と千尋の神隠し』で美術監督補佐を務めた吉田は、ジブリ美術館用短編『コロの大さんぽ』（二〇〇一年）、『ギブリーズ episode2』（二〇〇二年）の美術監督を経て、長編作品の美術監督を初めて手がけることになった。

また『ハウルの動く城』の特徴として、デジタル作画（ＣＧ）が作品のキーとなる「動く城」の動きを担当したことが挙げられる。

宮崎監督の描くメカなどは、シーンによってもっとも画面的に収まりのよい絵を求めてディテールが変化することが多々ある。そのため3DCGで城を構築するという方法はかえって不都合が多くなる。そうした理由から、城の表現はあくまでも2Dで行われることになった。

城は、セルに背景のタッチで描く「ハーモニー」という技法で描かれた。吉田の描いた美術ボードを参考にしつつ完成した絵はスキャナーでコンピューターに取り込まれた後、それぞれのパーツに切り分けられる。このパーツを再度重ね合わせ、城が歩く動きに合わせて、それぞれのパーツの動きを付けていくことで、城の特徴的な動きを作り出した。

デジタル作画監督の片塰満則によると、このような城の動かし方のヒントとなった作品は二つあるという。

一つはロシアのアニメーション作家、ユーリー・ノルシュテインの『霧につつまれたハリネズミ』。切り絵アニメーションである本作はハリネズミの腕を、細かく分割された複数のパーツをひもでつなぎとめることで表現している。画面上ではパーツのつなぎ目は目立たないため、それぞれのパーツを細かく動かして演技をつけると、あたかも腕のパーツ全体が柔らかく動いているように見える。固そうな素材でもこうした方法で柔らかな動きを作ることができる、という点で参考になったという。

もう一つは宮崎監督の『風の谷のナウシカ』。この作品で使われた通称「ゴムマルチ」

といわれる独特の手法が「城」の動きのアイデアに取り入れられた。「ゴムマルチ」が使われたのは、巨大なダンゴムシ様の生物「王蟲《オーム》」の動くシーン。王蟲は、ハーモニーで描かれた殻のパーツを重ね合わせ、それをゴムでつないで伸び縮みさせることで、その独特の動きを表現した。この仕組みが「ゴムマルチ」と呼ばれている。

ちなみに今回、「城」のハーモニー処理を担当した高屋法子は、『ナウシカ』でも王蟲などのハーモニーを担当していた。

このほかビジュアル面では、SFイラストレーションの先駆者、アルベール・ロビダからインスピレーションを受けた部分も多い。

ロビダは十九世紀末に活躍し、未来世界の生活様式をユーモアたっぷりに予想、風刺した画家。宮崎監督は以前より、ロビダに関心を寄せていた。三鷹の森ジブリ美術館で開かれた企画展『天空の城ラピュタと空想科学の機械達展』(二〇〇二年十月から〇四年五月)で、ロビダの絵をスクラップ帳の形式で展示したほか、企画展用短編アニメ『空想の空とぶ機械達』では、ロビダのイラストから発想した空中タクシーなどの飛行機械を登場させている。

この空中タクシーは、『ハウルの動く城』に登場するフライングカヤックの前身ともいえる存在。『ハウルの動く城』を印象づけている個性的な形状をした飛行機械と十九世紀末のクラシックな風景の取り合わせはこうして生まれたのだった。

映画化にあたっての変更点

『ハウルの動く城』のあらすじは次の通り。

帽子屋の長女ソフィーは、ある理由で荒地の魔女に呪いをかけられ老女に変えられてしまう。しかも魔法をかけられたことを誰にも話すこともできなくされてしまった。この呪いを解くため家を出たソフィーは、町の人々から恐れられている魔法使いハウルの城へ、掃除婦として潜り込んでしまう。この城は、遠くの町にでも自由に行き来することができる不思議な扉を持った、奇妙な城だった。そしてその暖炉には、火の悪魔カルシファーがいて、城とハウルに力を貸していた。

完成した映画では、前半はおおむね原作通りに進行しているが、後半にいくにつれてオリジナルな要素が増えていく。それは原作を現代性を持った映画としてどう構成していくか考えていく過程で生まれたものだった。

宮崎監督は、映画化にあたって原作のソフィーの役回りに注目した。「準備のためのメモ」には次のように記されている。

「この作品は一種のホームドラマといえます。ソフィーがハウルに恋する前に、ソフィーは主婦としての立場を確立しています。火の悪魔や弟子のマルクル、犬人間やかかし、それにハウルを結びつけ、家族にする鍵はソフィーの存在です。動く城の中のマイホーム。そこへ戦争がおこるのです。おとぎ話の戦争ではありません。個人の勇気や名誉をかけた戦闘ではありません。近代的な国家間の総力戦です。ハウルは徴兵はまぬがれているようですが、戦争に協力することを求められます。要請ではありません強要です。ハウルは自由に素直に、他人にかかわらず自分の好きなように生きたい人間です。しかし、国家はそれを許しません。『どちらにつく？』と、ハウルもソフィーも迫られるのです。その間にも、戦争は姿をあらわします。動く城のドアのひとつがある港の町にも、ソフィーの生家のあるあの町にも、王宮にも、荒地そのものにも、火が降り、爆発がおこり、総力戦のおそろしさが現実のものとなっていきます」

　原作では戦争に関する記述はほとんどない。

　原作でハウルがいやいやながら命じられているのは、行方不明になった王の弟ジャスティンと、彼を探しに行って消息が分からなくなった王室付き魔法使いサリマンの二人を探し出すことで、戦争への協力ではない。戦争については敵国「高地ノーランドおよびストランジア」が今にも宣戦布告しそうである、という状況であると軽く触れられている程度である。

　このように原作と比べて戦争という要素がクローズアップされた背景には、二〇〇一年九月十一日にアメリカを襲ったテロ以降の時代の流れがあったと考えられる。『ハウルの動く城』の絵コンテを執筆中の二〇〇三年三月には、アメリカがついにイラク空爆を行い、国際政治の場や国内世論が賛否両論で大きく揺れるという状況も起こった。こうした時代の空気を取り込むことで、「今日性のある作るに値する作品」にしようとしたのだった。

『イノセンス』から『ハウル』へ

『ハウルの動く城』においてジブリは、これまでやってきた宣伝のスタイルを大きく変えた。この転換のきっかけのひとつが、押井守監督の映画『イノセンス』への製作協力だった。

『イノセンス』は『ハウルの動く城』公開に先立つ二〇〇四年三月に公開された、プロダクションI・G制作の劇場用長編アニメーション映画だ。ジブリの鈴木プロデューサーは押井監督が一九八〇年代前半にTVアニメーション『うる星やつら』のチーフディレクターとして注目を集めた頃、雑誌『アニメージュ』を通じて押井と知り合い、以来二〇年以上の親交があった。押井監督にとって『イノセンス』は数百館規模で公開される大作アニメーション映画であり、プロダクションI・Gにとっても、テレビ局や広告代理店などと製作委員会を結成し、幹事会社として劇場用作品を製作する初のケースだった。劇場作品の経験をそれなりに持つジブリにI・Gがいろいろ相談を持ちかけるうちに、宮崎監督の助言もあり鈴木はいつしか『イノセンス』のプロデューサーの一人として、出資会社への呼びかけや調整、宣伝の大半を引き受けることになった。押井との長年の交友から生まれた協力である。スタジオジブリとしても製作協力のクレジットで、宣伝や契約実務などで様々な協力を行った。

『イノセンス』の共同製作会社の顔ぶれはジブリ作品とほとんど共通していた。こうした参加企業が要となる企業タイアップやパブリシティ、あるいは新聞広告やTVスポット、予告編制作についてもこれまでのジブリのスタイルが踏襲され、その結果、『イノセンス』は押井作品の固定観客層を大きく超えて広く一般層にアピールすることに成功した。

しかし、『イノセンス』の宣伝を進めるうちに、観客の反応が『千と千尋の神隠し』の頃とはどこか変わり始めていることを、ジブリでは感じていた。シネコンの普及によりさらに拍車がかかった事前の大量宣伝。どうも観客はこれに拒否反応を示し始めているのではないか。あまりに沢山の情報に触れるので、観客は観る前から作品を観た気になってしまい始めている。今はまだいいが、八カ月後の『ハウル』ではきっとそれが顕著な形で現れるのではないか……。

こうして『ハウル』の宣伝方式は、従来のジブリのスタイルとは極めて対照的なアプローチが取られることになった。それは、——宣伝を極力しない——という方針だった。『ハウルの動く城』の宣伝について具体的に動き始めたのは『イノセンス』の宣伝がたけなわだった、二〇〇三年末ごろから。二〇〇三年中には既に、特報として「この城が動く。」というコピーと城の歩く映像が映画館で上映されていた。

だが宣伝が動き出した矢先に『ハウルの動く城』の上映延期が決まる。二〇〇四年一月七日、東宝より作業の遅延を理由に、二〇〇四年夏から秋への公開延期が発表された。

こうして当初より宣伝戦略について考える時間的余裕が生まれた中で、次第に宣伝戦略が固まっていった。東宝の宣伝プロデューサー、伊勢伸平はその様子を次のように振り返っている。

「鈴木プロデューサーが『実は宮崎監督が、今回の作品に限っては観客の皆さんに真っ白な状態で見てほしい。つまり、宣伝の中で〈語らない〉ということがあってもいいんじゃないか、という提案をされた』と言うんです。最初それが何を意図しているかは、僕にもピンとこなかったんですが、鈴木さんとブレーンストーミングを繰り返すうちに『そういう考え方もあるか』という気持ちに落ち着きました」（『ロマンアルバム ハウルの動く城』）

「これがもし『宮崎駿の最新作』でなければ、まちがいなく全否定です。（略）言ってみれば国民レベルの期待感をもって迎えられる映画であるわけです。であるなら、我々がいつものように長時間にたくさんの宣伝をすることで、この映画のテーマ性や時代性を前もって伝えてしまうことを実はお客さんは望んでいないのかもしれない、とちょっ

と思い当たったんですね」(同)

このように、宣伝方針の転換は宮崎監督の提案の反映でもあった。こうしてある時期までTVでの映像露出を一切やめて、劇場の特報・予告とポスターに絞るという方針が、五月から夏にかけて決まった。六月には五大都市で映画館主を集めた宣伝会議が開かれ、そこで公開延期のお詫びと八月に映画が完成すること、そして宣伝の場を基本的に劇場に絞る方針などが説明された。

一方、六月からはハウス食品のタイアップCMがTVで流れたが、こちらも劇場特報を踏まえた非常に抑えた内容のものだった。

こうした宣伝方針はマスコミ向けに配られるプレスシートでも徹底され、解説など内容の解釈にかかわるような原稿は一切掲載されなかった。そのかわり鈴木プロデューサーによる「宣伝をしない、『宣伝』」と題した一文を掲載。そこで鈴木プロデューサーは宮崎監督の提案を踏まえた上で、どのように今回の決定がなされたかを説明している。「『千と千尋の神隠し』の宣伝は、やり過ぎだったという、これまでの反省もある。よし、今回は、この方針で行こう! と決めた途端、いつも、ぼくらの映画を応援してくれる関係者から抗議の声もあがった。協力をしたいのに。我々の好意を無視するのか。出来得る範囲で、個々人に会い、誠心誠意、理解を求めた。

適度な宣伝とは何か。スタッフを交え、この間、何度も話し合いを持った。宣伝の内容よりも、そっちを話すのに多くの時間を割いた。量より質なんじゃないか。宣伝は、映画を見るきっかけに過ぎないんじゃないか。当たり前の意見が出た時に、スタッフの顔に安堵の表情が浮かんだ」

そして次のように文章を締めくくった。

「手前みそだが、面白くて、よく出来た映画だ。宮崎駿、六十三歳。あの年齢を迎えたのに、何故、いまどきの娘の気持ちがわかるのか。彼と二十六年余、ずっとそばにいるが、いまだ不可解なジジィだ。

あとは、言うまじ。映画を見て、自由な感想を、いろいろ聞かせてほしい」

こうして宣伝をしない宣伝は実際に実行された。

ちなみに特報やポスターなどで使われた書き文字は、鈴木プロデューサーの直筆。この狙いについて、東宝の伊勢宣伝プロデューサーは次のように説明している。

「たまたま第一弾予告を見た鈴木さんが『こういうコピーでいこうよ』と書いてくれたんですね。予告編をつくる人が既存のフォントでコピーを挿入したら、それが面白くなかったんですよ。何だろうね、って話をしている内に『これはアナログの方がいいんじゃないか。じゃあこの書き文字をそのまま使っちゃおう』ということになったんです。実際読みにくい字だとは思うんですけど、この文字が持つ不思議な温かさが『ハウル』世界の入口になるんじゃないか、と」（『ロマンアルバム ハウルの動く城』）

ハウル役に木村拓哉

このように宣伝展開が抑えられる一方で、最大の話題となったのがキャスティングだった。

『ハウルの動く城』の主要キャストが発表されたのは四月十二日。ソフィーに倍賞千恵子、ハウルに木村拓哉、荒地の魔女に美輪明宏という配役だった。

中でもハウルのキャスティングは大きな話題となった。キャスト決定までについて、鈴木プロデューサーは次のように語っている。

「宮さんは映画を作る時に、何らかの形で自分を仮託したキャラクターを登場させる。ここではその筆頭がハウルなんです。そういう意味でも生半可な人は選べない。候補は沢山いたんですが決定打が決まらない時に、ある方を介して木村さんが『ジブリの作品に出たがっている』と聞いたんです。木村さんと伺って、僕の中にざわめくものがありました。(略)木村さんならもっと幅のあるハウルが出来るんじゃないか。そう感じたのです。さっそく宮さんに『実はSMAPというグループがいましてね?』と言ったら、『僕だってSMAPぐらい知ってますよ』と返された(笑)。それで木村さんでどうですか? と聞いたら第一声は『ぴったり過ぎる、それが心配』という返事。『鈴木さんは、何で木村さんを推薦するの?』と聞くから、男の子の色んな側面をやれるのは

木村さんしかいないと答えたんです。宮さんは『それに賭けよう』と言いました」（同）

またソフィーのキャストについて、宮崎監督から出たリクエストは「おばあちゃんから十八歳の娘まで。ソフィーは一人で演じてほしい」というもの。こちらもさまざまな人が候補にのぼったが、最終的には倍賞であればそのどちらも演じられるであろうということで、決まったという。

こうして四月と六月にアフレコが行われ、映画は八月三日に完成。ちなみに、倍賞は『下町の太陽』（一九六三年）以来、四十一年ぶりになる映画主題歌『世界の約束』も担当した。

映画公開は二〇〇四年十一月二十日。公開二日間の興行収入が十五億円という日本記録を打ち立て、『もののけ姫』とほぼ同規模のヒットとなった。これにより邦画の興行成績の歴代一位から三位は、『ハウルの動く城』と『千と千尋の神隠し』『もののけ姫』という宮崎作品が独占した。

『千と千尋の神隠し』の海外での高い評価を受けて、『ハウルの動く城』も高い注目を浴びることになった。

九月に開催された第六十一回ヴェネチア国際映画祭で全世界初披露。上演終了後には、五分にも及ぶスタンディングオベーションがあったという。同映画祭では、宮崎監督とスタジオジブリ作品の質の高さと継続的な達成度の高さが評価され、オゼッラ賞を受賞した。

日本の公開後から徐々に世界各地での公開も始まった。日本公開から約一カ月後の十二月二十四日からは韓国で公開。観客動員数三百万人を超え、韓国で公開された日本映画としては歴代第一位を記録した。このほか二〇〇五年に入り、香港、台湾でも公開され、大ヒットを記録した。また、二〇〇五年一月からはフランスで公開され、公開最初の一週目でその週に公開された映画の動員数で第一位となった。

二〇〇五年六月からはアメリカで公開が開始。最大二百二館で公開された。英語版については、英語版『千と千尋の神隠し』をプロデュースしたジョン・ラセター監督が新作で多忙のため、『モンスターズ・インク』を監督したピクサーのピート・ドクター監督が担当。キャストにはハリウッドの実力派俳優が名前を並べた。主なキャストは、ハウルにクリスチャン・ベール（『バットマン・ビギンズ』）、老女のソフィーにジーン・シモンズ（『スパルタカス』）、荒地の魔女にローレン・バコール（『三つ数えろ』）、カルシファーにビリー・クリスタル（『恋人たちの予感』）。

スタジオジブリの独立

二〇〇五年四月より東京都現代美術館で『ハウルの動く城大サーカス展』が開催された。これは映画の物語が終わった後、ハウルたち動く城の住人たちがサーカス団を結成していたら——という設定で、大道芸人なども出演するバラエティ豊かなイベント。東京都現代美術館の館長である日本テレビの氏家齊一郎取締役会議長の要請により、この催しは企画された。東京都現代美術館ではこれまでにも二〇〇三年の『ジブリがいっぱいスタジオジブリ立体造型物展』を皮切りに、二〇〇四年春には『イノセンス』公開記念として『球体関節人形展』、同年夏には『日本漫画映画の全貌——その誕生から《千と千尋の神隠し》、そして…——』などの展覧会が開催されてきたが、ジブリでは二〇〇三年六月に新たに発足したイベント事業室が、これらの展覧会運営に携わってきている。

また、二〇〇五年三月より開催された国際博覧会『愛・地球博』への協力も世間の注目を集めた。スタジオジブリは、『となりのトトロ』に登場した「サツキとメイの家」を再現する博覧会協会のプロジェクトにかかわったのだ。

「サツキとメイの家」は、昭和初期の素材と工法で建築した本物の家にエイジングをほどこし、古びさせることで「築後二十五年ほどが経っている」という映画とそっくりの雰囲気を醸しだした。建設にあたっては、三鷹の森ジブリ美術館の宮崎吾朗館長（当時）を筆頭にジブリ美術館を作ったスタッフの何人かが参集し、スタジオジブリの関連会社で三鷹の森ジブリ美術館を建設したマンマユート団が博覧会協会から建築工事を受託するという形で事業を進めることになった。実際の大工仕事は、地元名古屋で木造伝統構法を生かして仕事をしている大工らが担当。完成した家は家具や調度品等の充実もあって、とてもいい仕上がりを見せた。

そして最も大きな出来事は、スタジオジブリの独立だろう。

株式会社スタジオジブリはもともと徳間書店の子会社として、一九八五年から活動を行ってきた。一九九七年には徳間書店に吸収合併され「株式会社徳間書店／スタジオジブリ・カンパニー」になり、後に「株式会社徳間書店スタジオジブリ事業本部」となった。が、ここへ来て出版は出版、アニメーションはアニメーションと業務内容に応じて会社を分けることになり、スタジオジブリの独立が決まった。会社名は元に戻って株式会社スタジオジブリ。資本金は一千万円。社長には鈴木プロデューサーが就任した。

こうしてジブリは二〇〇五年三月三十一日をもって独立した株式会社となった。

汗まみれジブリ史

今だから語れる制作秘話！

宮崎作品の中でもっとも苦労した『ハウル』

鈴木敏夫
（スタジオジブリ　代表取締役プロデューサー）

「鈴木さん、この本読んだ？」

宮さんが一冊の本を手に、興奮した様子で僕の部屋へ入ってきました。タイトルは『魔法使いハウルと火の悪魔』。イギリスの作家、ダイアナ・ウィン・ジョーンズさんのファンタジー小説です。徳間書店の児童書の担当編集者が、宮さんと僕のところへ毎月新刊を送ってくれていたんですが、その中に入っていた一冊です。

「ほら、ここを見てよ。もとのタイトルは『Howl's Moving Castle』。いいよね、城が動くって」

宮さんのその一言から『ハウルの動く城』は始まりました。でも、企画は提案したものの、宮さんとしては自分で監督をする気はなかった。そこで、どういうスタッフでやっていこうかと話しあっているとき、たまたま僕の友人が、東映アニメーションにいた細田守くんを連れて遊びに来たんです。

当時、細田くんは『劇場版デジモンアドベンチャー』(一九九九年)などを手がけ、気鋭の演出家として注目されつつありました。ただ、そのころ東映アニメーションが制作していたのは、少年ジャンプの原作ものが中心。彼としては、その枠から離れた作品を作ってみたいという希望を持っていた。『ハウルの動く城』の企画を見せたところ、「ぜひやってみたい」と言います。そこで、ジブリへ出向してきてもらい、具体的に企画を進めていくことになったんです。

ところが、脚本、キャラクターや美術の設定などの準備作業を進めるうちに、細田くんの中で、悩みが出てきた。ひとつには東映アニメーションとジブリの制作スタイルの違いです。さらに、宮崎駿の存在もプレッシャーになっていました。

宮さんは、企画を立てたら、あとは黙って見守るというタイプじゃありません。ストーリーや絵について、「こうしたほうがいい」とあれこれアドバイスしてきます。しかも、言うことが毎日変わる。

細田くんは、過去にジブリの研修生採用試験を受けたこともあるぐらい宮崎駿に憧れを持っていました。だから、宮さんの話をまじめに聞いていたのです。宮さんの提案に従って細田くんが作業を進めていると、次の日にはぜんぜん違うことを言われる。それが一週間、一カ月と続くうち、彼はすっかり参ってしまった。僕も相談に乗っていたものの、やがて一人で深みにはまり込んで、作業が行き詰まるようになってしまいました。

じつはそのころ、同時並行で進めていた企画がもう一本ありました。きっかけは、あるテーマパークから「猫のキャラクターを描いてほしい」と依頼されたことです。それが紆余曲折を経て、『猫の恩返し』（二〇〇二年）という作品になっていくんですが、そちらは若いスタッフを中心に進めていました。プロデューサーは、ずっと僕の補佐をしてくれていた高橋望。監督には、『となりの山田くん』からアニメーターとしてジブリ作品に参加していた森田宏幸くんを抜擢しました。ところが、高橋と話してみると、そちらの企画も行き詰まり気味だといいます。

そこで二人で相談して、プロデューサーを交代してみることにしたんです。僕が『猫の恩返し』をやり、高橋が『ハウル』をやる。相性もよかったんでしょうね。交代後はどちらもうまくまわり始めました。ただ、『ハウル』のほうは、ほどなくしてまた暗礁に乗り上げてしまった。そこで、『ハウル』は制作を中止し、『猫の恩返し』の完成に集中することにしたんです。

とはいえ、『猫の恩返し』も宮さんが企画に関わっていますから、当然あれこれ注文を出してきます。ところが、監督の森田くんがちょっと変わった性格の持ち主で、それを楽しんでしまうんです。毎日、身を乗り出すようにして、宮さんの話を聞き、質問し続けた。それがあまりにも熱心なもんだから、宮さんのほうが参ってしまって、現場に近づかなくなりました。すると、今度は自分からわざわざ宮さんのところへ行って話を聞こうとする。最後には宮さんが逃げまわっていました。

ジブリの歴史上、ほとんどの若手が宮崎駿から逃げまくってきたんですけど、いっしょにやることを楽しんだ数少ない一人が森田くんでした。

ちなみに、もう一人はシナリオライターの丹羽圭子さんです。『借りぐらしのアリエッティ』の脚本を作るとき、毎日変わる宮さんの話を聞きながら、「天才の思考過程が分かるんだから、こんなにおもしろいことはないですよ」と言って、原稿を書き直し続けました。

一方、宮さんと戦うことを楽しんだのが、『もののけ姫』『千と千尋の神隠し』で作画監督を務めた安藤雅司です。彼は宮さんに対抗し、自分が理想とするアニメーションを追求した。美術の男鹿和雄さんにもそういうところがありました。

積極的に受け入れることを楽しむか、職人として徹底的に対峙するか——宮崎駿という特殊な天才と付き合うには、そのどちらかしかないのかもしれません。

「現代のピカソ」と言われた城のデザイン

『猫の恩返し』の制作が進むなか、そろそろ宮さん自身の監督作を考えなきゃいけない時期になりました。

ある日、僕がトイレに入ったら、たまたま宮さんも来て、連れションをする格好になりました。宮さんが「鈴木さん、次どうしようか」と聞いてきます。こういうときは間髪入れず答えることが大事です。

「宮さん、せっかくあれだけ『城が動くのがおもしろい』と言っていたんだから、『ハウル』をやりましょうよ」

宮さんは一言、「分かった」と言いました。そこで、ちょうど用足しも終わり、『ハウル』は再始動することになりました。トイレで決まったなんて、誰も知るよしもなく、スタッフはみんなびっくりしていました（笑）。

人が作っているときは、さんざん「ああしたほうがいい」「こうしたほうがいい」とアイデアを語りまくっていた宮さんですが、自分がやることになったら、それはぜんぶ放り出して、まず城のデザインに集中しました。

ところが、西洋風のお城を何枚描いてみても、どうしても納得のいくものができない。ある日、「どうしよう?」と言って、僕の部屋へ相談しに来ました。宮さんは会議や打ち合わせの最中、落書きをするクセがあります。そのときも話をしながら、ずっと手を動かしていました。大砲から描き始めて、屋根をくっつけて、煙突を立てて……というふうに、いろんなものをくっつけていった。しゃべりながら、無心で描いたのがよかったんでしょうね。気がついたら、城が完成していました。できあがった絵を見て、自分でもびっくりしています。

「これ城に見えるかな？」

正直にいえば、城には見えません。でも、そう言ったら、また制作はストップです。僕は「いいじゃないですか。見えますよ」と言いました。ともかく先に進むことが大切だと思ったんです。

「問題はね、鈴木さん」。宮さんが続けて言います。「足だよ」。そして、また不思議な絵を描き始めました。ひとつは鶏の足。もうひとつは戦国時代の足軽の足。それを見せて、「どっちがいい？」と真剣に聞いてくる。僕としては正直どっちでもよかったんですけど、向こうは真剣です。「それは、やっぱり鶏でしょう」。まじめに答えました。

そんなふうにしてあの奇妙な城ができていったんですけど、じつは建物の作り方としては、宮さんのいつものやり方とは正反対でした。本来、宮さんは内装から描き始める人です。ある部屋の中を描き、次に別の部屋をくっつけて、あとから外観を決めていく。ところが、このときはまず外観から始めた。だから、あとで内装を考えるとき、中は何階建てで、どんな間取りになっているのか、辻褄を合わせるのに苦労していました。

後に『ハウル』がフランスで公開されたとき話題になったのが、この城のデザインでした。作品に対する評価は賛否両論が渦巻き、否定派はヨーロッパを舞台にしたことを問題にしていました。やはりヨーロッパの人たちが宮崎駿に求めるものは〝日本〟なんです。一方で、肯定派はお城のデザインを絶賛。とくに、リベラシオン紙からは「現代のピカソだ」とまで評されました。

城の外観が決まったことで、作業は一気に動きだしました。もともとおばあちゃんを描くのは得意だから、ソフィーや荒地の魔女などのキャラクターはどんどん決まっていく。

美術については、フランスとドイツの国境にあるアルザス地方がモデルになりました。ここは『千と千尋』の制作で疲労した宮さんが、休養のために訪ねた場所です。アルフォンス・ドーデの小説『最後の授業』の舞台としても知られていますが、戦争のたびにドイツとフランスの間で領有権が行ったり来たりして、両国の文化が入り交じって残っている土地です。中でも宮さんが気に入ったのが、リクヴィルという古い町でした。「ハウルの舞台にしよう」ということになり、帰国後、宮さんは美術スタッフにロケハンへ行くように進言。スタッフも現地を訪ね、それが作品に反映されています。

そうやって舞台の基本的な骨格はできた。ただ、どういう映画にするか、肝心のテーマがまだ決まっていませんでした。宮さんはスタッフに対しても、「今回はこういう映画だ」とはっきり示すキャッチフレーズがほしい人です。そこで、いろいろと話し合った結果、「今回は本格的な恋愛映画を作ろう」ということになった。そして、作品説明会で、全スタッフを前に説明することになりました。

「僕もこれまでいろいろな作品を作ってきましたけど、いつも必ず男と女が出てきました。今回はそれを正面にすえて、初めて本格的な恋愛映画を作ろうと思います」

高らかに宣言したまではよかった。ところが、「恋愛映画というものは……」と言いかけたところで、ピタッと止まっちゃったんです。

「どうやって作るんだっけ？　鈴木さん」

みんなズッコケました。仕方がないから、僕が合いの手を入れます。

「普通、出会いがありますよね」「そうそう、出会いがあるんだ」

「それが深まりますよね」「うん、深まる」

「それが起承転結の〝承〟だとすると、だいたい〝転〟ですれ違いですよ」

「ソフィーがおばあちゃんになるところがすれ違いなんだ。だから、みなさん、今回はおばあちゃんをしっかり描いてください」

とは言ったものの、実際にそういう起承転結がはっきりした恋愛映画になっているかというと、なっていないですよね。絵コンテを描き始めてからも、宮さんの迷いは続きました。

最初、あがってくる絵コンテを見ていて、僕は「あれ？」と思ったんです。宮さんの映画は、これまでだいたい一カット四～五秒で展開していくことが多かった。でも、今回は何となく長い感じがしたんです。そこで、スタッフに言って、試しに平均秒数を計算させてみたところ、なんと八秒もあった。通常の倍ぐらいになっているんです。そのせいで、前半のテンポが非常にゆっくりしている。しかも、話が進むにつれて、どんどん長くなる傾向にあります。

この調子でいったら二時間では終わらない。それどころか四時間ぐらいの映画になってしまう。指摘しないと大変なことになります。

「宮さん、今回一カットが長くなってますよね？」

「え!? そんなことないよ」

「計算してみたら、平均で八秒ぐらいになってますよ」

「そうなの？」。本人には自覚がなかったんです。そして、苦し紛れにこんな言いわけをしました。

「主人公がおばあさんだから、動きが遅いんだ！」

でも、そこからが宮さんのすごいところで、途中から一カットを短くしていくんです。しかも、平均をいつもの四秒に戻すべく、一カットを三秒台にしていった。その結果、

『ハウル』は前半と後半でテンポが変わるという世にも珍しい映画になるんです。

思いがけない名シーンの誕生

もうひとつの問題はストーリー展開でした。いろんな話が次々と立ち上がるんですけど、一時間たっても収束に向かわず、まだ立ち上がり続けている。「いったいどうやってまとめるんだろう？」と、僕は不安になりました。

そこで、制作業務担当で映画マニアの野中晋輔に聞いてみました。「絵コンテ読んでる？」「読んでます」「この話って、どうなると思う？」「珍しい話ですよね。起承転結じゃなくて、起と承がずっと続いていますよね」。

絵コンテが一時間十五分ぐらいまで進んだところで、僕もさすがにまずいと思って、宮さんに聞くことにしました。

「このお話、最終的にどうやってまとめるつもりなんですか？」

「俺はプロだから、何とかなるんだ！」

そう言い張りながらも、表情は明らかに困っていました。一時間三十分ぐらいまできたところで、宮さんが僕の部屋へ走って来て、珍しくドアをバタンと閉めました。

「鈴木さん、話がまとまらないよ。どうしよう？」

ここはプロデューサーとして何か言わなきゃいけない。それでふいに思いついたのが、その数日前に見た映画『グッドナイト・ムーン』（一九九八年）でした。

「つい最近、見た映画なんですけどね。カメラマンの女性（ジュリア・ロバーツ）が、ある弁護士（エド・ハリス）と恋に落ちて、いっしょに暮らし始めるんです。ところが、彼には前妻（スーザン・サランドン）との間に二人の子どもがいた。それで、ジュリア・ロバーツとスーザン・サランドンが交代で子どもの面倒をみることになるんですけど、ジュリア・ロバーツのほうは失敗ばかり。そこで困って、スーザン・サランドンに相談に行くんです。それがきっかけになって二人は打ち解けるんですけど、そうこうするうちに、スーザン・サランドンのほうがガンでもう長くないということが判明する。そこで弁護士は前妻も家に呼んで、残された時間、みんなでいっしょに暮らすという決断をするんです」

そこまでストーリーを説明したら、宮さんは急に「分かった！　もう大丈夫だから」と言って、また慌ただしく部屋を出て行きました。

直接的な言い方をしたわけではないんですけど、解決法はそれしかないんじゃないかと思ったんです。そういうやり方って、山田太一さんもときどき使う手なんですよ。いろんな登場人物の話を立ち上げて、こんがらがって困ったところで、全員を登場させて、うやむやにする。映画でもドラマでも小説でも、多くの作家が同じ問題で悩むんでしょうね。

ともかくそれがきっかけになって、物語の後半、荒地の魔女も、犬のヒンも、かかしのカブも、みんな引っくるめていっしょに城で暮らすことになりました。そして、よぼよぼのおばあちゃんになってしまった荒地の魔女をソフィーが介護するようになる。そこで思いがけない名シーンが生まれました。

甲斐甲斐しく面倒を見るソフィーに、荒地の魔女が言います。

「恋だね。あんたさっきからため息ばっかりついてるよ。……図星だね」

「おばあちゃん、恋をしたことあるの？」

「そりゃしたね。いまもしてるよ」

いいシーンなんですけど、よく考えてみると無茶苦茶な話ですよね。新しい恋人（ソフィー）に、古女房（荒地の魔女）の介護をさせるわけでしょう。絵を描いている宮さんに、さりげなく「この段階では、ハウルとソフィーはできてないんですよね？」と聞いてみたことがあるんです。宮さんは聞こえないふりをしていました。僕としては、さらに「これは作者の願望ですか？」と聞いてみたかったんですけど、それはやめておきました（笑）。

この映画には、意図せず生まれた名シーンが他にもあります。たとえば、ソフィーと荒地の魔女が王宮の長い階段を上る場面です。

宮さんが当初考えていたのは、ソフィーが先に上っていくものの、途中で立ち止まって、荒地の魔女に手を差し伸べるというシーンでした。ところが、そのシーンを大塚伸治という腕利きのアニメーターがやってくれることになって、そのプランを捨てるんです。「大塚さんがやってくれるなら、そんな説明的な芝居はいらない」と言って、シーン全体を倍の長さにして、細かな芝居は大塚さんに任せることにしました。

その結果、二人のおばあちゃんが競い合いながら必死に階段を上るという、じつに印象的なシーンに仕上がった。宮さんも満足したし、僕も感心しました。その後、宮さんと対談した養老孟司さんなどは、「僕はあの階段のシーンを見ただけで、この映画を見たっていう気になりました」と語っていたほどです。

映画作りって不思議なもので、最初から名シーンにしようと目論んだ場面は、たいていうまくいきません。そのかわり、思わぬところが名シーンになる。とくに優秀なアニメーターが描くと、そういうことが起きるんです。

もうひとつの名場面は、映画のラストです。もともと僕がイメージしていたクライマックスは、ルネサンス期の画家、ヒエロニムス・ボッシュが描いた「聖アントニウスの誘惑」のようなシーンでした。燃えあがる城の上を、奇怪な生き物や船が飛んでいるという構図で、手塚治虫や石ノ森章太郎、永井豪など、日本の名だたる漫画家たちに強い影響を与えてきた絵です。

宮さんもやっぱりこの絵が好きで、その中に描かれている小物を『未来少年コナン』

の中で使っています。あるとき、宮さんが実物を見てみたいと言うので、いっしょにポルトガルのリスボン国立古美術館へ行ったこともありました。

その印象が強烈に残っていたから、『ハウル』では炎上しながら走りまわる城を描いてほしいという話をしていたんです。でも、宮さんとしては「やっぱり無理だよ」と言ってきた。その代わりに描いたのが、魔法が解けてバラバラになり、足と板だけになってしまった城でした。

じつはあの姿にはモデルがあって、僕がある人からもらったおもちゃなんです。それを部屋に飾っておいたら、宮さんが「これ借りていい?」と言って持って行った。その結果、生まれたのがあのシーンです。

うまいと思ったのは、その上で交わされた芝居ですよね。「わたしゃ知らないよ。何も持ってないよ」。ハウルの心臓を渡そうとしない荒地の魔女の肩を、ソフィーがそっと抱きしめて、「お願い、おばあちゃん」と言う。すると、荒地の魔女は「そんなにほしいのかい。仕方ないね。大事にするんだよ」と心臓を手渡す。

宮さんって、そういうスキンシップの使い方が本当にうまいんです。映画の冒頭で、兵士たちに絡まれるソフィーをハウルが助けるじゃないですか。そこでも、ハウルはすっとソフィーの肩を抱く。そして、ゴム人間が現れると、腕を絡ませ、スーッと空に飛び上がる。『未来少年コナン』ではコナンがラナを抱きかかえて走る。『ラピュタ』では空から降ってくるシータをパズーが受けとめる。宮さんの作品における男女の出会いって、必ずそういうスキンシップから始まります。

絶妙の配役だった倍賞千恵子と木村拓哉

そうやって制作が進む一方で、宣伝の準備が始まっていくわけですけど、このとき僕が掲げたのが〝宣伝しない宣伝〟という方針でした。

これもきっかけは宮さんの一言です。じつは『千と千尋』が大ヒットしたあと、「宣伝がすごかったからヒットした」という意見が宮さんの耳に入りました。監督にとっては、おもしろくない話ですよね。やっぱり作品がよかったからと言われたい。そこで、宮さんはスタジオにいるスタッフに意見を聞いてまわったんです。

「『千と千尋』は宣伝のおかげでヒットしたのか、作品がよかったからヒットしたのか、どっちだと思う？」

監督に面と向かって聞かれれば、誰でも「作品がよかったからです」と答えます。でも、その中で一人だけ「宣伝です」と答えたやつがいた。プロデューサー補をしていた石井朋彦という男です。彼は宣伝の実務を僕のそばで見ていたから、率直にそう答えた。宮さんは激怒しました。

そのときの怒りが『ハウル』の制作に入っても残っていたんだと思います。僕はいつも宣伝を考えるにあたって、方針やコピーをホワイトボードに書いておくんですが、それを見て宮さんが爆発してしまった。

「こんなに内容をばらしちゃったら、映画を見に行く気がしなくなるじゃないか！　今回は余計な宣伝はしないで公開しよう」

宮さんにそう言われたことで、僕が思いついた作戦が〝宣伝しない宣伝〟でした。というのも僕自身、公開前に映画のあらすじや設定を事細かに明かしてしまう宣伝については疑問を感じていたからです。そこで、今回は具体的な映画の内容については情報を徹底的に絞るという作戦をとることにしました。

最初の特報は城の映像と、「この城が動く。」というコピーだけです。でも、それがかえって話題を呼びました。『千と千尋』の宮崎駿が新作を作っているらしい。でも、その内容はベールに包まれている——となれば、ファンならずとも「どんな映画なんだ？」と気になるじゃないですか。

さらに、いろんな事情があって、当初は二〇〇四年の夏公開だったのが、十一月にずれこむことになりました。それが報道されると、「どうなっているんだ？」とますます興味が高まる。そうやってあらゆる要素が映画にとって追い風になっていきました。

声優陣を発表したときも、すさまじい反響がありました。やっぱりキムタク効果はすごかったですね。

彼は昔から宮崎駿の大ファンで、じつはご本人のほうから「ぜひ出演したい」というオファーがあったんです。彼の子どもたちもジブリ映画が大好き。『となりのトトロ』のDVDは盤面が傷んで買い替えるほど、繰り返し見ているといいます。

もちろん、僕も名前と人気は知っていましたけど、出演しているドラマは見たことがありませんでした。そこで、自分の娘に「キムタクってどういう演技をするの？」と聞いてみたんです。そうしたら、非常に分かりやすく教えてくれました。「男のいいかげんさを表現できる人だと思う」。語弊があるかもしれませんけど、それを聞いて僕は「ハウルというキャラクターにぴったりじゃないか！」と思ったんです。

そこで宮さんに提案してみることにしました。

「宮さん、キムタクって知ってますか」

「ばかにしないでください。ＳＭＡＰでしょう。知ってますよ」

宮さんは一時期、東京タワーの下にあるスタジオに通っていて、ＳＭＡＰも同じころテレビ東京で番組を持っていたから、彼らがファンの女の子に取り囲まれているのをよく見ていたんです。

「ハウルにキムタクってのはどうですか」

「え!?　どういう芝居をするの？」

そこで僕が娘の言葉を伝えると、宮さんも「それだよ！」と賛成してくれました。

木村さんがアフレコの現場にやってきたとき、僕はびっくりしました。台詞がぜんぶ頭に入っているんです。脚本は必要なし。いままでいろんな俳優さんに声をやってきてもらいましたけど、そんな人は後にも先にも彼だけです。しかも、第一声から、宮さんが「これだ！」と納得する演技。ほとんど注文を付けることなく、アフレコは進んでいきました。

あまりにも感心したものだから、後日、山田洋次さんから「いま藤沢周平の時代劇を作っているんですけど、だれかいい俳優いませんか」と聞かれたとき、僕は真っ先に木村拓哉の名前をあげました。それがきっかけかどうかは分かりませんが、山田監督はその後、木村さんを主役にして『武士の一分』（二〇〇六年）という映画を撮ることになります。

もう一方の主役、ソフィーの声については人選が難航しました。宮さんが出した「十八歳から九十歳まで一人の女優さんに演じてほしい」という条件がネックになったのです。

最初、珍しく宮さんが「今回は俺も考えている候補がいるんだよ」と言うから、誰かなと思ったら、「東山千栄子だよ」と言うんです。「宮さん、残念ですけど、もう二十年以上前に亡くなっています」と言ったら、「そうなの!?」と真剣に驚いている。宮さんの中では時間が昭和で止まっているんです……。

そこから始まっていろんな人にテストで吹き込んでもらったものの、なかなか合う人が見つからない。悩みに悩んだ挙げ句、宮さんが言ったのか、僕が言ったのか、倍賞千恵子さんの名前があがったときは、「それしかない！」という感じでした。

倍賞さんの演技はやっぱり素晴らしかったですね。ただ、最初はなかなか「ハウル」の発音ができなかったんです。イントネーションが後ろにずれて、「ハウル」になっちゃう。僕と宮さんとで「ハウルです」と言うと、「ハウル？」と返ってくる。「いやいや、ハウルです」「だから、ハウルでしょう？」。そのやりとりを何回も繰り返しました（笑）。

倍賞さんというと『男はつらいよ』のさくら、だめなお兄ちゃんを支えるしっかりものの妹というイメージがあるじゃないですか。でも、実際にお会いしてみると、お茶目というか、わりと天然な雰囲気の人で、ますますファンになりました。

スタッフと勝負し続ける〝絵描き〟宮崎駿の執念

制作の終盤、公開日が延期されたことでできた時間の余裕を、宮さんは作画のクオリティを上げることに使いました。とくに十八歳のソフィーと、火の悪魔カルシファーについては、ほぼすべてのカットを自ら描き直していました。

宮さんは当時六十三歳。それでも、まだ若いスタッフと勝負をするんです。このとき作画監督を務めたのは、山下明彦、稲村武志、高坂希太郎の三人。稲村くんと高坂くんの腕はいままでの付き合いで分かっている。ただ、山下くんはしっかり組んで仕事をするのは初めてです。そこで、彼を仮想敵として戦いを挑んだ。

カルシファーというキャラクターは、ぐにゃぐにゃと形が変わることもあって、いろんなアニメーターが原画を描くときに苦戦していました。それを作画監督の山下くんが直すんですが、それでもうまくいかないのを見て、「よし、俺の出番だ」と喜ぶんです。

のちに『崖の上のポニョ』を作ったときも、波のシーンは宮さんが一人で描いていました。そうやって絵描きとしての自分の腕を確認することで、監督としてやっていく自信も得る。それが宮さんのスタイルです。ところが、年齢とともに、だんだん自分ですべての絵を直すのが難しくなってきた。最終的には、それが引退の原因にもつながっていきます。

『ハウルの動く城』という映画は、城のデザインに始まり、ストーリーの問題など、いろいろなことが重なって、全作品の中で、宮さんが最も苦労した作品だったと思います。

一方、僕は僕で初めて〝宣伝しない宣伝〟という実験的な試みに挑戦しました。しかも、十一月というのは、通常あまりお客さんが入らない時期です。関係者の間でも観客動員数を不安視する声が多かった。

それにもかかわらず、公開直後の数字は『千と千尋』を超える勢いでした。そして、最終的には百九十六億円という『もののけ姫』を超える興行収入をあげます。それだけ世間の宮崎駿に対する期待が高まっていたということでしょう。『千と千尋』の大ヒットを経て、宮崎駿はある意味〝国民作家〟になっていた。そのことに、あらためて気づかされる結果でした。

（インタビュー・構成　柳橋閑）

すずき・としお●一九四八年名古屋市生まれ。株式会社スタジオジブリ代表取締役プロデューサー。慶應義塾大学卒業後、徳間書店入社。『月刊アニメージュ』編集部を経て、八四年『風の谷のナウシカ』を機に映画制作の世界へ。八九年よりスタジオジブリ専従。著書に『仕事道楽　新版　スタジオジブリの現場』『ジブリの哲学』『鈴木敏夫のジブリ汗まみれ』『風に吹かれて』『ジブリの仲間たち』など。

ハウルの動く城
準備のためのメモ

宮崎　駿

◎あらすじは、原作の訳者西村醇子氏が上手にまとめているので、一部訂正加筆して、ここに引用します。

『帽子屋の長女ソフィーは、荒地の魔女に呪いをかけられ、おばあさんにされます。しかも、そのことを誰にも喋べることが出来ないように封印されてしまいました。呪いを解く方法を求めて、ソフィーは家を出て、悪名高い魔法使いハウルの城にもぐり込み、掃除婦になります。

城のなかは不思議なものや奇妙なことだらけ。窓の外には見えないはずの遠い町の風景が、扉の外はいろいろな場所に通じています。また暖炉には火の悪魔がいて、ハウルに力を提供しているというではありませんか。

やがてソフィーは、ハウルをひそかに恋するようになります。しかもハウルもまた荒地の魔女に、ねらわれているのです。戦争も始まります。魔法使いといえども戦争の勝利のために協力せよと、国王からの呼び出しもかかります。

はたして、ソフィーは呪いを解く方法を見つけ、無事に幸せをつかめるでしょうか？』

○原作について
この作品は、子供向けのクリスマス劇として構想されたのではないかと思われます。伝統というには大げさですが、イギリスにはクリスマスに子供達が演劇を楽しむという習慣があるようです。この作品の構成には、ファージョンの「銀色のしぎ」に似たところがあり、「銀色のしぎ」も、たしかクリスマス劇の脚本としてはじめ書かれたものでした。

クリスマス劇として原作を把えてみると、この作品がよく理解できますが、だからといって映画化に役に立つわけではありません。むしろ途方にくれてしまいます。

ハウルの家とはどんな所でしょう。舞台の中央にカルシファーの暖炉があり、着ぐるみの炎がしゃべったり、のびあがったりしています。左右に四つのドアとひとつの窓、ドアをあけると次々と別の世界があらわれます。劇は説明的なセリフ（ひとり言も多い）で進行します。あとは、四つのドアから沢山の登場人物が出たり入ったり、大声で喋り、ののしり、笑い、泣き、大団円では、すべてがその舞台に登場してたたかったり、だきあったり大ドタバタでハッピーエンドになるわけです。映画というより、関西新喜劇向きの原作といっても過言ではないでしょう。

ソフィーとハウルのありように、今日性はあります。若さを呪縛のように感じているソフィーや、バーチャルリアリティー（つまり魔法）の中にいて、おしゃれと恋のゲームしかできないハウルは、目的とか、動機が持てない若者の典型ともいえるでしょう。だからといって、この作品が今日性があり、作るにあたいする内容があるとはいえません。時代はもっと激しく、沢山のハウル達やソフィー達を踏みつぶして進むはずです。この映画の公開が予定されている二〇〇四年に、世界がこの関西新喜劇風ファンタジーを許すとはとても思えません。

○さて、どうするか

この作品は一種のホームドラマといえます。ソフィーがハウルに恋する前に、ソフィーは主婦としての立場を確立しています。火の悪魔や弟子のマルクル、犬人間やかかし、それにハウルを結びつけ、家族にする鍵はソフィーの存在です。動く城の中のマイホーム。そこへ戦争がおこるのです。おとぎ話の戦争ではありません。個人の勇気や名誉をかけた戦闘ではありません。近代的な国家間の総力戦です。

ハウルは徴兵はまぬがれているようですが、戦争に協力することを求められます。要請ではありません強要です。

ハウルは自由に素直に、他人にかかわらず自分の好きなように生きたい人間です。しかし、国家はそれを許しません。「どちらにつく？」とハウルもソフィーも迫られるのです。その間にも、戦争は姿をあらわします。動く城のドアのひとつがある港町にも、ソフィーの生家のある町にも、王宮にも、荒地そのものにも、火が降り、爆発がおこり、総力戦のおそろしさが現実のものとなっていきます。

いったい、ソフィーとハウルはどうするでしょう。この点をキチンと描いた時、『ハウルの動く城』は、二十一世紀に耐える映画になるでしょう。但、ハウルとソフィーが力を合わせて、戦争をやめさせたとか、人々を救ったというような展開は、もっと空虚なものになります。自分達のこれからの生き方も問われる形で、この難題にいどまなくてはなりません。

○原作の変更点

①舞台について（土地、時代）

日本の明治維新の頃、フランスで活躍したカリカチュアの画家ロビダが描いた近未来空想画に、多くのヒントを得て舞台をつくります。十九世紀の後半に、多分に皮肉をこめて空想された機械文明社会には、魔法も科学も混在しています。

愛国主義の全盛期でもあり、兵士が戦場へ行く時は、花束が投げられ、銃には花がかざられ歓呼の声の中を行進しました。

ソフィーの生家のある古い町はアルザス風の民家、表通りには万国博覧会のパビリオンが並び、蒸気機関がありとあらゆる所に使われ、黒煙を吐き出しています。

人々の住む町の空はすすけ、青空すら鉛色にかすんでいる一方、人のよりつかない荒地は、青空は澄みきっていますが、寒く、風が強く、いつも雲が湧いて流れ、南米のパタゴニア地方のようでもあります。

②動く城

原作の動く城は、魔法の出口のひとつで、出入口として移動するだけで実体はありません。舞台劇ではそうするしかないのでしょうが、映画ではおもしろくないでしょう。私達の城は機械や建物の断片の奇怪な集合体で、十本もの鉄の足で、ヨタヨタと荒地をさまようものになるでしょう。ハウルの家はその中にありますす。ですから、カルシファーが契約から解放されて煙突からとび出してしまうと、ハウルの家は姿をあらわします。みすぼらしく、屋根や壁の一部さえ欠けていて、あちこちに、クズ鉄の棒やら板やらのガラクタがくっついている姿で、荒地に転がることになるでしょう。

以上、ストーリーはまだはっきりしませんが、この方向で進みたいと考えます。

二〇〇二年十月二十八日

鳥のような姿になって戦場を飛ぶハウル

宮崎 駿
イメージボード

企画段階で、スタッフに作品の雰囲気を伝えるために描かれるイメージボードは、
すべて宮崎駿監督の手で描かれている。
数々のイメージボードの中から、いくつかを紹介しよう。

ハウルの城に近づく、フライングカヤックの兵士

荒地でハウルの城に出会うソフィー（上）
ソフィーは城の出入口のステップに乗ろうとする（下）

城の中に入ったソフィーは、
火の悪魔カルシファーの暖炉の前で眠り込んでしまう

城のテラスに出るソフィー、マルクル、かかしのカブ、犬のヒン

マルクルやかかしのカブたちの上空を飛び過ぎていくフライングカヤックの大群

ハウルの城。この一枚が最初に描かれた

Part2

『ハウルの動く城』の制作現場

三人の作画監督と二人の美術監督。いずれも宮崎作品への参加経験を持つ、盤石の布陣だ。観る者の心を弾ませる生き生きとしたソフィーやハウルの姿、そして色鮮やかな中に生活感の息づく十九世紀ヨーロッパ風の世界を、鮮烈に描き出した。

加えて本作のキーとなった〝城〟の描写。巨大な生き物のようでもあり、何かに操られる無機物でもあるような摩訶不思議な動く城を現出させたのは、長年培ってきたセルアニメーションの技法と最新CG技術の融合の結果。

これはまさに、スタジオジブリでしかなしえない動きだ。

作画監督

山下の味が出ていると宮崎さんに言われました

山下明彦

『千と千尋の神隠し』で原画として初めてジブリ作品に参加し、本作では作画監督の一人として、作品全体を俯瞰する立場となった山下さん。宮崎監督や他の作監二人とのやり取りに、何を感じたのだろう。

――**『ハウル』の仕事、いかがでしたか？**

「刺激的な毎日で、充実していました。ここまで強烈な個性を持っている監督さんと仕事ができるのは、嬉しいですね。やはり、人生観がかいま見えるんです。たとえば、原作を大きく変えて、荒地の魔女をなぜいい人にしたのか？　たいがいの監督は悪い人として描くと思うんです。それをああいう風に描いたというのは、懐の深さだなぁ、と」

――**原画ではなく、作監として参加されたことで、作品との関わり方もかなり変わった**

と思いますが？

「変わりましたね。原画は好きに描いて出してしまえばそれっきりですけど、今回はそれを料理する側なので。監督のイメージしたものと全く違う原画が上がってくる時があるんですけど、宮崎さんの場合は、それでそのシーンが膨らむなら活かすという考え方でした。何が良くて何がダメなのか、その取捨選択を、監督のそばで見られたのは、今後の僕の仕事に役立つと思います」

――宮崎監督とは、どんな話を？

「作業中は雑談が多かったですね。もちろん、内容に関する話もあったけど、ちょっと忘れてしまいました。それよりも、完成した後に言われたことをよく覚えています。今回の映画は『山下の味が出ている』と言われたんですよ。『山下の人の良さが前面に出ている』と。いい意味なのか悪い意味なのか、わからないですけど（笑）」

――作監が三人ということはどうでしたか？

「それぞれの良さが見えて、僕は楽しかったですね。稲村さんの繊細さや、高坂さんのダイナミックさが見られてよかったな、と」

――山下さんは、作監作業はどのあたりを？

「ほぼ全編です。最初の頃は、『こういう風な芝居にしてくれ』という宮崎さんのかなり綿密なラフが回ってきて、それをまず僕が原画に起こすという作業が多かったですね。

山下さんが描いたキャラクター設定の一部を紹介。翼の形が自在な、鳥ハウル

ハウルの弟子、マルクル。魔法を依頼する人と会う時は髭をつけて魔法使いを装う

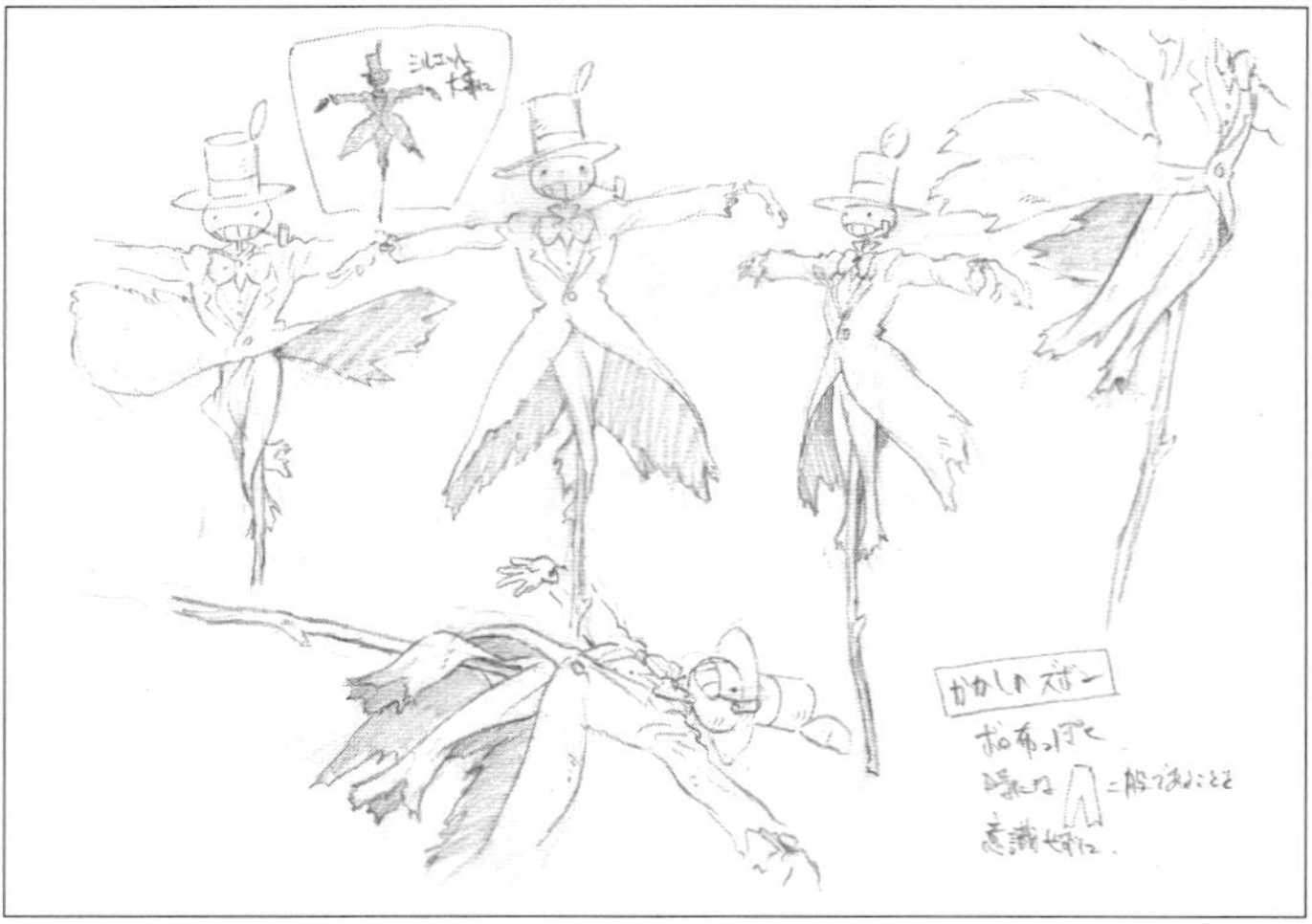

かかしのカブ。棒に巻きついているズボンは、初期の設定ではダラッと下がっていた

魔法使いサリマンに魔力を奪われ、年老いてしまった、荒地の魔女

空軍士官の軍服を着た国王と、変身していた国王の姿から素顔に戻ったハウル

王室付きの魔法使い、サリマン。ハウルの師であり、ハウルを監視している

そして、稲村さんに顔や細かい部分を修正してもらって、完成させていました。途中から高坂さんが加わって、高坂さんにも、主に大変なシーンの原画直しをお願いしました。そして、それも稲村さんが最終的に仕上げる。大きく言うとそういう流れですね。僕が芝居を直し、高坂さんが原画を直し、稲村さんがキャラを直し完成させるという流れでした」

宮崎さんの指示は表現が魅力的なんです

――『ハウル』のキャラクターの動きについて、どのような印象がありますか？

「過去の宮崎作品はわりと漫画的な動きが多かったと思うんですけど、今回は違ったような気がしました。もうちょっと生々しい人間らしい動きを追求して、描かれていたと思います。でも、実写をトレースするようなものではなくて、表現的には漫画なんですよ。完全なリアルを求めるんじゃなくて、現実に基づいて漫画化しているという感じでしょうか。そこが僕はすごくやりやすかったし、面白かったです」

――原画修正で、印象的なシーンは？

「うーん、なかなか具体的には思い出せないですね……」

――最初にハウルがソフィーを連れて空中散歩するシーンなどは？

「あそこはハウルを重点的に直しました。宮崎さんが言うには『ハウルの服は風になびいているんじゃない。袖や裾が飛行機の翼のように、バランスを取っているんだ』ということで。最初は普通になびいていたのを、ふわっと風をとらえているような動きに直しました。とにかく指示が独特で魅力的で、当然ながら的確なんです。『千と千尋』の時に、千尋とハクの自由落下のシーンをやったんですけど、あの時も『リアルな自由落下じゃないんだ。空気が二人を優しく包むような風なんだ』と。うまい言い方だなと思いました」

――ソフィーは、十八歳から九十歳まで頻繁に外見が変わりますけど、動作の雰囲気も当然変わってきますよね。

「僕は最初、ソフィーは単に魔法をかけられて姿がおばあさんになった少女だと思っていたんです。だけど、違うんですよ。あれはおばあさんになった時のソフィーなんです」

――態度や性格も、年齢に見合ったものになってましたよね。

「体が思うように動かなかったり、物事に動じなくなっていたりして、ちゃんとおばあさんなんです。そこが最初誤解していたところで、『自分は少女。十代の娘なのにこんな姿になって』というふうに描いちゃうと間違いなんです」

――おばあさんになったことで、少女の自分が抱いていたコンプレックスから解放され

た部分がありましたよね。

「ええ。そういう映画だと思います。今回の映画は、ソフィーだけでなく、ハウルも荒地の魔女もキャラクターが変化するということで、すごくドラマ性が高くなったと思います。『ハウル』こそが宮崎さんの真骨頂じゃないかと思うくらい、ドラマ作りが見事だし、シーンの展開の仕方も絶妙だなと思いました」

やました・あきひこ◉一九六六年岡山県生まれ。『ジャイアント・ロボ THE ANIMATION—地球が静止する日』でキャラクターデザイン、絵コンテ、作画監督を務めるなど多数の作品を手がけた後、スタジオジブリへ。『ハウルの動く城』『借りぐらしのアリエッティ』『コクリコ坂から』で作画監督を務めたほか、『ゲド戦記』(絵コンテ・作画演出)『崖の上のポニョ』『思い出のマーニー』(作画監督補佐)『風立ちぬ』(原画)などほとんどの作品で重要な役割を果たした。

作画監督

稲村武志

自在に変化していくキャラクターの魅力

キャラクターの造形について大きな役割を担った稲村さん。十九世紀ヨーロッパふうの世界に生きるソフィーやハウルの姿を二十一世紀の映画として、どのように描いていったのか？

西洋人らしさよりわかりやすさを大事に

――宮崎監督から、作監に入ってくれと最初に言われた時、どう思いましたか？

「事前に鈴木（敏夫）さんから、『ハウル』の説明は受けていて面白そうだなと思っていたんですけど、長編を僕ひとりで作監するのは、物理的に無理だと思いました。宮崎さんの話では『山下さんが作監をやると言ってる』ということだったので、それなら、と思ったんですけど、後で山下さんに聞いたら『稲ちゃんがやるからやってほしい』と言われたらしいんですよね（笑）」

——最初の頃、お二人はどのように仕事を進めていたんですか？

「宮崎さんがした原画チェックを、山下さんがまとめて、僕が清書するという形だったんですけど、全部僕が清書していると間に合わないので、山下さんにもある程度のクリーンナップをやっていただきました。でも、そのうち二人でやっても時間的に無理だということがわかってきて、高坂さんが入ってくれるのを心待ちにしていました」

——『ハウル』という作品の印象は？

「宮崎さんのボードが上がってくるまで、捉えづらかったというのが、正直なところです。僕は、ヨーロッパが舞台のものをやるのは『紅の豚』の動画以来だったんです。いざ、ヨーロッパの街を舞台に西洋の人々を描き始めてみると、いかに自分が何も知らなかったかに気がついて（笑）。それで最初はすごく戸惑いました。たとえば、どういう歩き方をするのかということからして、わからない。でも、そこまで西洋人らしく描く必要があるのかな、という気持ちもありました」

——あまり西洋人らしい仕草にはこだわらないことにしたんですか？

「それをやるんだったら、僕らは作監として、西洋の風習としてこういうふうな仕草をするんだというフォーマットを作って、スタッフに伝えなければいけない。でもみんな日本人ですから、どこまでそれが伝わるかわからないし、理解するのには時間もかかる。本当かどうかわかりませんが、昔のパリで、女性が手を振って歩いたら、みんなが驚い

稲村さんが描いたキャラクター設定の一部を紹介。様々な表情のソフィー

若い頃の性格が感じられるように描かれた、ソフィーばあちゃん

たという話を何かで読んだんです。美しくないから手を振って歩かなかったのかもしれません。きちんと調べて、ソフィーにそこまでやるか、という話です。結論としては、やっぱり僕らは僕らの描き方でやっていくしかない、ということになりました。ソフィーはちゃんと、手を振って歩いています（笑）。まずは僕らがキャラクターの気分をお客さんに感覚的に伝えやすいスタイルを取ったほうがいいんじゃないか、と。だから、どのキャラクターもシンプルに描いていきました。ただ、単純すぎる描き方はしないように注意しましたが」

人間はどんどん変化していく存在です

——単純すぎる描き方とは？

「この人は善人この人は悪人と、人格を単純に捉えないということですね。荒地の魔女にしても、自分が端から悪役だと思って行動しているわけじゃないでしょうし（笑）」

——ソフィーにしてもハウルにしても荒地の魔女にしても、外見がどんどん変化していくというのは、大変だったのではないですか？

「ベースになる人格が理解できれば、その人の外見がどう変わっても、あまり関係ないかな、と。もちろん、どのような顔を描けばいいのか、シーンごとに悩んだり苦労した

憂いのある美しき魔法使いハウル。若い娘の心臓を食べると噂された

ソフィーに出会った時のハウル。靴はお洒落なハイヒールを履いている

りはしますけど、年齢がどうこうっていうのは、あまり気になりませんでした。ただし、カットは映画の展開どおりの順番で上がってくるわけではないので大変ではありましたが」

――もともと物語の進行とは関係なく、作業していくのが、作監ですよね。

「まあ、進行どおりにできれば、一番いいんですけど（笑）。若いソフィーを描いていたら、突然おばあちゃんが来るという感じで、カットの順番がバラバラなので、むしろ、前のカットではどんな顔をしていたか、思い出すのに苦労しました。たとえば空襲のシーンでは、ソフィーがだんだん若くなっていくんですけど、ああいう段階を踏まなきゃいけないシーンは、かなり気を使いました」

――ソフィーは、外見も変わりますが、内面的にも映画の中でかなり成長しますよね。

「そうですね。同じ若い姿のソフィーでも、最初とラストでは随分違います。最初に比べてラストでは、ちょっとふくよかになって、かわいらしくなってますね。実際には人はどんどん変化していくし、いくつもの顔を持っているものですから。今回は、キャラクターの変化を恐れずに描いていますので、結果として感覚的に伝わるものがうまくふくらんでくれているといいのですが」

――ハウルに関してはいかがですか？

「造形的に美しく描くというのが、やっぱり大変でした。最初に山下さんから『美形は苦手なので『よろしく』と言われたんですけど、僕も苦手でどうしようと（笑）。美形はともすると、存在感が希薄になってしまいがちですよね。それを、あの世界にハウルはハウルとして存在しているように、人間らしさを含ませて描くのは、けっこう苦労しました。あんな人、現実で見たことないですから。ジブリには決していませんからね（笑）」

いなむら・たけし●一九六九年群馬県生まれ。シンエイ動画を経て『紅の豚』（動画）からスタジオジブリ作品に参加。その後、『平成狸合戦ぽんぽこ』『もののけ姫』『ホーホケキョ となりの山田くん』『千と千尋の神隠し』などでの原画を経て、本作と『ゲド戦記』で作画監督を務めた。以降、『風立ちぬ』での原画、『思い出のマーニー』での作画監督補佐など重要な役割を果たす。

高坂希太郎

キャラの感覚を掴むことが求められる『ハウル』

制作の途中から三人目の作画監督として合流した高坂さん。自身初の監督作『茄子　アンダルシアの夏』を終えた直後の彼の目に、宮崎監督の演出法はどう映ったのだろう。

説明的でなく、先が読めないのが、最近の宮崎作品です

――高坂さんは、宮崎作品への作監としての参加は、『もののけ姫』から始まって今回が三度目ですね。

「『耳をすませば』も入れれば、四回目です。でも僕はジブリの人間ではないとの計算もあって、途中から手伝いみたいな形で入ることが多いです。今回は前の仕事（『茄子　アンダルシアの夏』）が終わった二〇〇三年の七月くらいから、参加しました」

――『ハウル』の第一印象は？

「一応、原作本を手に取ったんですけど、どうせ話が変わっちゃうんだから読んでもしょうがないかなと思って、途中で読むのをやめてしまいました（笑）。だから、物語の全体に触れたのは、宮崎さんの絵コンテが最初で、その時はソフィーにすごく惹かれましたね」

――どういう部分が、ですか？

「魔法で年寄りにされてしまった自分に対してこだわる風でもなく、たくましく生きていく姿が良かったですね。みんなソフィーのように生きられたらどんなに良いかと思うんです。様々なことに翻弄されてつぶれてしまう人が、現実には多いじゃないですか。自分だってそうです。そういう私たちの気分を楽にしてくれるキャラクターだと思います」

――ソフィーは、年を取ってからのほうが、生きることに積極的になっていましたよね。

「年を取ったからこそ得られるものもあるし、小さいことにはこだわらなくなりますからね。たくましい生き方、人間像が、宮崎さんの作品に連綿と流れているテーマなのかな、と」

――ずっと宮崎作品と付き合ってきて、最近、何か変化を感じることはありますか？

「最近は説明的でなくなっていると思います。映画には、状況を説明するために、ある種俯瞰的な視点がどうしても必要ですが、宮崎さんの場合は、とことん主人公の目線の高さで進んでいくので、この先どうなるかが本当にわからないんです。以前の『カリオストロの城』などにあった非常に計算された感じとは、変わってきてますね。その分キャラクターの生っぽさは増幅してると思います」

――ソフィーとハウルが出会って、二人が空中散歩をする場面などは、見ている側としては心が弾むシーンでした。

「お客さんを喜ばせるのと同時に、宮崎さんは、こうしたら自分自身が絶対に楽しいと思って、やっていると思います。でも、その反面、『ハウル』がダメな人はダメなんじゃないでしょうかね。特に映画好きを自認する人は。理屈で考えて見ようとすると、たぶん途中で置いていかれてしまいますから。理屈で見る映画ではなく、普段よりも右脳を開いて見たほうが面白い映画だと思います」

現代の若者だと思ってハウルを描きました

――ハウルというキャラクターに関しては、監督から何か説明がありましたか？

「特に改まってはありませんでしたが、日々の会話の中でいろいろと話が出ました」

――例えば？

「ハウルは天才的な魔法使いだけど、近年ありがちな、心に何かを抱え込んで大人になりきれない青年であると言っていました。ソフィーがハウルの部屋を訪れた時、がらくたがいっぱいあるじゃないですか。あれは要するに今の若い人たちがフィギュアを集めるようなものなんです。自分の殻ですね。だから、僕もハウルは、本当に今の若者のつもりで描いていました」

――作監作業の中で印象に残ってるシーンはどこですか？

「自分の仕事はなかなか客観的に見られないので。ただ、城は面白かったですね。愛嬌があるし、非常にイメージ豊かな存在だと思いました。ばかばかしいしね（笑）。ラッシュ〔注1〕で見るのが、いつも楽しかったです」

――キャラクターの描き方では？

「細々とした指示が宮崎さんから出たんですけど、忘れました。一つ言えるのは、消極的な表現がとにかく嫌いな人だということです。嬉しい時、ちょっと顔を引いて『ああ』と喜ぶ反応の仕方もあるじゃないですか。だけど宮崎さんは、『嬉しいなら顔を前に出せ』と。全てにおいて消極的な反応というのを、嫌うんです」

――前に前に、出て行こうと？

「そうですね。城の中に突っ込んだカヤックを、マルクルたちが引っ張り出すシーンを僕が作画したんですけど、あの時も、『カヤックは外に出る方向にだけ動かせ』と言われました。引っ張られる反動で中に戻ってしまう動きは、宮崎さんにとってはダメなんです。気持ちが向かう方向へひたすら行かせたいという演出上の意思を、僕はすごく感じました」

［注］

1 映画の制作過程で、撮影の終わったものをスタッフがチェックのために見る試写。編集前でありもちろん音声などもついていない。

こうさか・きたろう●一九六二年神奈川県出身。OH！プロダクションを経てフリーに。『風の谷のナウシカ』へ原画で参加して以来、『もののけ姫』（共同）から『風立ちぬ』までの宮崎駿作品で作画監督を務めるほか、多くのジブリ作品で主要な役割を果たしている。監督作品に『茄子　アンダルシアの夏』などがある。

美術監督

武重洋二

ヨーロッパの乾いた空気を意識した背景作り

『もののけ姫』以来、宮崎監督作品で美術監督を続ける武重さん。ヨーロッパの町並みをこれほどたくさん描いたことはなかったという。実際にロケハンで見た風景と宮崎監督の言葉を、いかに絵に定着させていったのか？

ベル・エポックのヨーロッパ

――今回は、吉田（昇）さんとお二人で美術監督を務められていますね。

「『千と千尋の神隠し』の時に、吉田くんにシーンごと任せたりしていたので、『今回は二人で美術監督をやりたいんですけど』と監督にお話しして、了承していただきました」

――宮崎監督から最初にあった『ハウル』の説明は？

「城のイメージボードをまずは見せられて、『これが城で、歩くんだ』と」

――どう思いましたか？

「形態的にとても魅力的で、いろいろなものがごちゃごちゃ付いているところが楽しそうだな、と思いました。その当時、ジブリ美術館のほうで、十九世紀のフランスの空想画家アルベール・ロビダの絵に関わる仕事をやっていたんですが、『ハウル』の世界観はそれに近くて、ベル・エポック（十九世紀末から二十世紀初頭の良き時代）のヨーロッパが舞台のイメージなんだと、監督は言っていました。

自分自身、ヨーロッパの町並みというものを今までほとんど描いたことがなかったんで、最初はどう描くか、全くイメージがなかったんですが、監督がイメージボードを作ったり絵コンテを描いてどんどん新しいイメージを出してきたので、少しずつ世界観を摑んでいくことができました。これから何が生まれるんだろうと、わくわくした気分でしたね」

――その後、ヨーロッパにロケハンに行かれたんですよね。

「そうですね。ちょうどジブリがレイオフの期間で、（動画チェックの）舘野（仁美）さんが個人的にヨーロッパを旅行したいんだけど、いい場所はないかと監督に聞いたんです。だったら、いい機会だから、取材としてメインスタッフみんなで行ってくれれば、という仕事の話になって」

――実際に向こうの町並みを見てきて、いかがでしたか？

「一番印象的だったのは、町全体の雰囲気と光の感じですね。それから石畳。建物の漆喰《しっくい》の色とか、柱の曲がり方なども印象に残りました。ドイツのハイデルベルクという町に滞在して、朝の独特な空気感を体験した時は、これを絵で表現するのは大変だ、とちょっと背筋が寒くなりました（笑）。最後はパリに寄って帰ってきたんですけど、それは王宮のある町に活かされています。単純に言うと、ソフィーの町や港町は、郊外の暖色系の色合いで、王宮のある町は都会の冷めた空気を意識しました」

色鮮やかな中に生活感をきっちりと

――今回、宮崎監督は「ヨーロッパの空気感」というものを大切にされたということですが、美術でいうと、どのような部分に気を配りましたか？

「やはり乾燥の度合いが、日本とは全然違うので、乾いた空気というものは常に意識していました。それと、最初の頃に描いていた絵は色合いが地味になっていたので、監督のほうから、『もっと色をしっかり使ってほしい』という注文がありました。アニメーション映画にとって、色数が豊富だったり鮮やかな色合いだったりするのは、楽しい雰囲気を増してくれますから、リアルな空気感だけでなく、そういう味付けも必要なんだな、と改めて思いました」

――リアルさとアニメーションの画面作りのバランスというか。

「『全体的なトーンを整えて描くのは簡単だけど、そうじゃない画面作りをしてほしい』というようなことを監督が言っていました。アニメの画面にするためにリアルさの度合いを落とすのではなくて、鮮やかな色合いの中に、存在感、生活感はしっかり出していくということだったと思います」

――吉田さんとの仕事の割り振りは？

「レイアウトが上がってくる段階で、二人でできるものから手を付けていきました。吉田くんは暖色系の色がきれいで、とても柔らかみのある絵を描くので、そういうシーンは彼に振ることもありましたが、基本的には割り振りの決め事はなかったですね。僕はまず、城の内部とかソフィーの仕事場のような室内から始めました。吉田くんのほうは、最初は城のある荒地の風景で、その関連で、僕のほうが室内を描くことが多くなりました。たとえば王宮は、僕が室内を描いて、吉田くんが外観を描いています」

――個人的な印象として、今回の背景はあまりかっちり描き込みすぎないところを狙ったのかなと思ったんですが？

「基本的に必要なものがそこにあればいいという感じで、背景は描きたいなと思っているんです。今はＣＧであらゆる部分を全部描いてしまうこともできますが、それだと画面から迫ってくるものが強くなりすぎるんです。それよりもどこか抜ける部分があったほうが、観ている側としても画面に入りやすいのではないかと思います。特に外の風景は、抜けというものを重要視して描いていますね」

たけしげ・ようじ●一九六四年フィラデルフィア生まれ。『となりのトトロ』でスタジオジブリ作品に初参加。『On Your Mark』で初の美術監督を務め、『もののけ姫』『ホーホケキョ となりの山田くん』（共に共同美監）『千と千尋の神隠し』『ハウルの動く城』『ゲド戦記』『借りぐらしのアリエッティ』『風立ちぬ』（以上、スタジオジブリ作品）『サマーウォーズ』で美術監督を務めた。そのほかの参加作品には『王立宇宙軍　オネアミスの翼』『機動警察パトレイバー劇場版』『攻殻機動隊』などがある。

美術監督

吉田 昇

抜けるような青空の下を歩く、色鮮やかな城

本作で初めて長編の美術監督を務めた吉田さん。初期段階から制作に関わり、「城」のイメージづくりなど、宮崎監督の頭の中にある世界を立ち上げていく作業にどう取り組んだのか。

ハウルの城はガラクタの城

――『ハウル』は武重さんとお二人で美術監督をされていますが、作業にはどのように入っていったんですか？

「今回は、作品に対する宮崎さんのイメージが固まるまでちょっと時間があったんですね。その間、僕と武重さんはフランスにロケに行って、帰ってからは向こうの風景を思い出しながら、漠然と絵を描き始めました」

――武重さんのお話では、最初の頃描いていた背景は、地味な色合いになっていたということですが？

「そうですね。武重さんは『ハウル』の前にジブリ美術館でかかる『空想の空とぶ機械達』という短編の美術監督をやっていて、それがグリーンのような茶色のような色が全体に被った、渋めの世界だったんです。僕も武重さんも、最初の頃はそれを頭に置いて、色を抜いたものを描いていました。それに向こうで見た町並みも、美観を保つために町全体の色に統一感があったんです。日本のように、様々な色が入り交じった無秩序な感じがなくて、自然に気持ちが色を抜くほうにいっていたんだと思います。でも、監督から『色はもうちょっと出したほうがいい』という指示が出て」

――吉田さんも、監督から直接何か指示されましたか？

「僕は荒地のほうの背景を描いていたんですが、監督が『空をもっと青く』と。考えてみれば荒地には工場もないし車も走っていない。煤煙がない澄み切った青空なんだと思って、青を少しずつ入れていきました。途中、ちょっと青すぎるくらいかなとも思ったんですけど、武重さんが『ソフィーの町とは違うから、遠慮せず青くしてくれ』と背中を押してくれて、結局まっ青な空になりました」

――城自体も描かれたんですか？

「はい。最初は黒々とした固まりのような城をイメージしていたんですが、サビの色とか鉄の色とか屋根の瓦の色とか、汚れている部分もあるし、白い漆喰の部分もあって、とにかく色が多くて、様々な素材を寄せ集めた城なんだ、と宮崎さんに言われて、イメージを固めていき、ハーモニー担当の高屋（法子）さんにバトンタッチしました」

――高屋さんは、吉田さんのイメージをそのまま踏襲されたんですか？

「僕が渡した時はまだ地味だったので、さらに色を使う方向で描かれていました。結果的には、彩度を出しながら、ちゃんと重厚さも感じる仕上がりになっていて、さすがだなと思いました」

――重厚なんだけど、どこか本物らしくないという感じもありましたね。城の動く音に関しても、最初はすごく重い音を付けていたんだけど、宮崎監督の指示で軽くしたという話を聞きました。

「そうみたいですね。宮崎さんは『これは張りぼての城だ』って言っていました。『大砲をぶっ放したりもしない、見かけ倒しのガラクタなんだ』と」

各パートの力が注がれたハウルの部屋のシーン

――武重さんの話では、室内を多く描いた武重さんに対して、吉田さんは外の景色を描くことが多かったということですが、いかがですか？

「武重さんは最初ソフィーの町を描き、その後は城の暖炉のある部屋の美術ボード作業に専念していました。最初の汚い感じから、ソフィーに掃除されてキレイになっていく。同じ場所でもこんなに違うというのを見せるのは、かなり苦労されたと思うんです。一方の僕は、荒地から始まって、港町や、キングズベリーの町を描いていきました。王宮に関しては、階段を昇るまでが僕で、そこから中へ入ると武重さん。さらにサリマンの部屋は、武重さんの指示で、男鹿（和雄）さんにお願いしました」

――港町やキングズベリーのイメージは、どうやって作っていきましたか？

「港町は、宮崎さんのほうから、イタリアの漁村みたいな感じということを聞いていたので、ロケハンとは関係なく、写真を見てイメージを掴みました。キングズベリーは、パリのような都会の、ちょっと冷めた雰囲気を出そうと思って描きました」

――武重さんのお話では、暖色系の背景は吉田さんにお願いしたということですが、具体的にどの部分でしょうか？

「花畑とハウルの部屋のことだと思います。ハウルの部屋はとにかくすごいレイアウトで、鬼のような数の小物が描き込まれていました。あの場面の小物は、セルの部分もあれば、ハーモニーやCGもあって、いろいろな質感が混在しているんです。それを最後に奥井（敦／映像演出）さんがまとめて効果音がつくと、不思議な雰囲気になって良かったと思います」

よしだ・のぼる◉一九六四年島根県生まれ。デザインオフィスメカマンを経てフリーに。『もののけ姫』でジブリ作品に初参加。『ホーホケキョ となりの山田くん』『千と千尋の神隠し』で美術監督補佐を務め、『ギブリーズ episode2』『ハウルの動く城』『崖の上のポニョ』『借りぐらしのアリエッティ』『コクリコ坂から』で美術監督を務める。

美術ボード——二人体制となった美術監督のボードを紹介。

上は、武重さんが描いた、ソフィーとハウルの城の中庭が見える俯瞰。
下は、吉田さんが描いた、一面に広がる花が美しい湿原

暖炉を中心としたハウルの城の居間（以下、P109まで武重さんによるボード）

翼とプロペラを備えた、ソフィーとハウルの城

小さな通りにある、ハッター帽子店の外観

湖の畔にたたずむハウルの城
（以下、P115まで吉田さんによるボード）

荒地を進むハウルの城

左上／ソフィーの頭上を飛んでいく巨大な飛行軍艦
左下／汚れ放題のハウルのバスルーム

C.352
金具なし

ガラクタで埋め尽くされたハウルの部屋

デジタル作画監督

片《かた》渕《あま》満則

擬態するCG

『もののけ姫』以降、ジブリ作品で使用頻度が増えていったCG。
しかし、どの部分がそれかを指摘することは難しい。
なぜならスタジオジブリの目指すCGが、
いかに従来のセルアニメーションの技法になじませるか、
画面に溶け込ませるかにあるからだ。アニメーターが手で描く
「作画」や「背景美術」に擬態するかのようなCG。
デジタル作画監督の片塰満則さんに聞いた。

動く城――「動く」要素は少ないほどいい

ハウルの城が動くたび、無造作に積み上げられた小屋や煙突がガシャガシャと音を立てて揺れる。カオスの権化のような姿をしたこの城はどのようなイメージで動きがつけられたのだろうか。

「バックパッカーです。彼らが背負ったリュックがヒントになりました」

見知らぬ町から町をリュックひとつで旅する気軽なバックパッカー。背中のリュックにはヤカンやコップ、寝袋など旅に必要な細かい道具が取り付けられたり、ぶら下がっている。

「それが揺れるイメージ。お城が歩く時、付属物が固定されていなくて不安定に動くんです」

だが、動きは付属物ほど無秩序ではない。

「城の土台となる部分——親元の動きはふたつの軸でつけています。X軸は左右の動き、Y軸は上下の動き。XとYを組み合わせて、全体が右から左へと動いていく」

基本となる全体の移動が決まれば、次は積み上げられた小屋や煙突だ。

「付属物を複数のグループに分け、時計まわりにZ軸で回転させます」

この回転が煙突がギシギシと揺れる動きを生み出すのだ。しかし、城の動きがX、Yの移動とZ軸の回転しかないとは恐れ入る。

「そうですか（笑）。動きの要素は少ないほど簡単ですからね。もちろん、単純に動くわけではなくて、それぞれ時間差をつけたり、全体の動きを別のグループが独自に受け取るところもあります。でも、基本的な動きの要素はこの三種類だけです」

蒸気や歯車の音を立てながら進むハウルの城。そのアニメーションに注目した時、

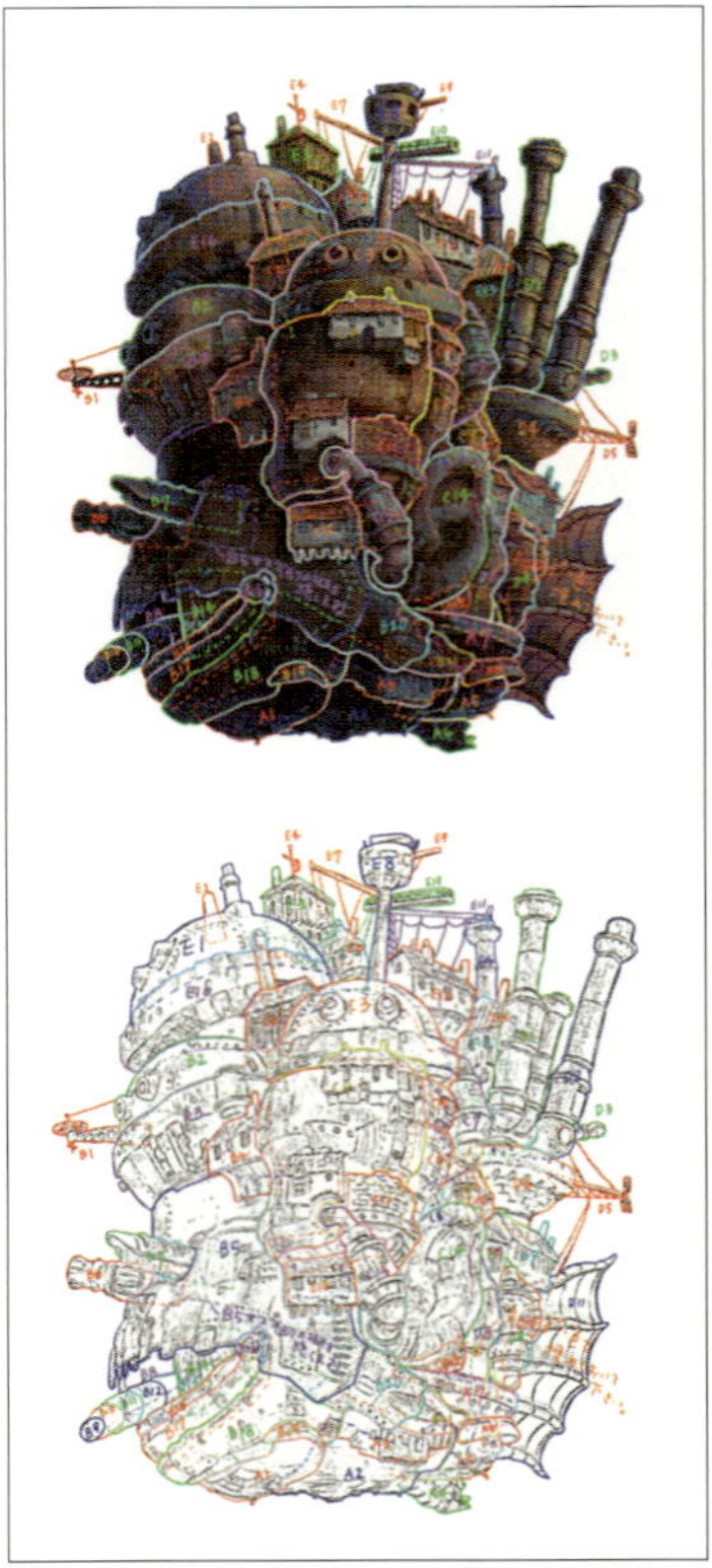

上 / デジタルデータの城に点線を引いて、
パーツ分けの計画を立てる
下 / パーツ分けの線

左 / 線の通りに切り分けバラバラになった城。それぞれ動き方に合わせ、少しずつ描き足されている

画面を覆い尽くす崩れる城。外壁をぐにゃりと曲げるために、輪郭線をデジタルデータ化する必要がある

3DCGで作られた旗が、画面の中で自然な動きではためく。「作画したように、が目標でした」と片塰さん

バックパッカーと動く城、どちらも自由気ままに旅する姿が重なった。

崩れる城――一枚一枚ひたすらパスデータを取りました

カルシファーを失い脆《もろ》くも崩れ落ちる城。ハーモニー処理された城の外壁がぐにゃぐにゃと歪む。その技法が一見したところ、よくわからない。3Dモデルにテクスチャーを貼ったわけでもないし、一枚一枚セルを描くなんてこともしないだろうし……。

「答えはモーフィングです」

しかし、輪郭線が複雑にアニメーションするなかでハーモニーをモーフィングする方法なんて、ちょっと想像ができない。

「ハーモニーを素材として使うのは従来どおり。だけど、作画した輪郭線をデジタルに置き換えているんです。輪郭線に合わせてパスデータを取ったんですね。そのパスデータを使ってモーフィングさせているわけです」

Adobe社Illustrator《イラストレーター》を使用したことはおありだろうか。パスデータとはモニターにポイントを置いて描いた線や円を数値化した情報のことである。モーフィングをする際に、そのパスデータがあればより精確な変化をつけることができる。

だが、大きな問題が……。

「人がやるしかないんですよ。一枚一枚の動画の線をぜーんぶ拾いました。もうひたすら（笑）。当初は城の脚やドアだけに使用する予定だったのが、最終的には画面全部を覆い尽くすようなことになりました。作画の動きはそのまま使えるし、ハーモニーの質感も損うことがない。これはすごくうまくいくんじゃないか、と皆で確信を得たんですけどね」

片塰さんによれば、CG部のスタッフたちは崩れる城のカットに最低一ヶ月をかけたという。力任せですねぇ、と呆れると、片塰さんは複雑な表情で笑った。

旗と風——セル的な考え方をしました

今回、CG部ではひとつの挑戦がなされた。セル画的な動きをCGで作ることはできないのだろうか。

それが風にたなびく都の旗である。

「街中に掲げられた旗は、CGがなかったらセルでやっていたでしょう」

作画でもできないことではない、と片塰さんは言う。しかし、CGが選ばれた。その理由はデザインにあった。

「旗が縞模様でしょ。これが曲者なんです。宮崎監督から縞模様に影を入れて作画するのは難しいから、CGでやってくれとも言われました」

しかし、CGだからと美しいグラデーションが入った超リアルな旗にするわけにはいかない。なにせ、ジブリ映画というセルアニメの代名詞のような作品に乗るオブジェクトだ。

「セル的な考え方を念頭に置きました。影はトゥーンシェイダーで情報量を減らす。でも色の処理をコンピュータの処理に任せるのではなく、ノーマルの色はどの色、影はこの色とすべてスタッフが指定しました。ちょうど色彩設計の保田（道世）さんがやっていらっしゃることと同じことをしました。距離によって色は変わりますので、当然、手前と奥では色の指定も違いますしね」

そして、誕生したのが動きはリアルなのに、色はセル画と区別がつかないCGの旗である。ちなみに、カットによってはセル画で描かれた旗も登場する。見比べてみると面白いだろう。


かたあま・みつのり◉一九六四年山口県生まれ。短編『On Your Mark』でスタジオジブリ作品に初参加し、CG室発足にあたり入社。『もののけ姫』『ホーホケキョ となりの山田くん』のCG制作、『千と千尋の神隠し』『ハウルの動く城』『ゲド戦記』のデジタル作画監督などを担当。CG制作会社ポリゴン・ピクチュアズに移籍後、『シドニアの騎士』、TVシリーズ『山賊の娘ローニャ』『亜人』で造形監督を務めた。

ハーモニー処理

高屋法子

キャラクターとして立たせたかった「城」

美術を重視する宮崎監督の作品に必ずと言っていいほど使われる「ハーモニー」。背景美術にリアリティや深みを与え、「世界」を息づかせる技術。本作ではハウルたちが住む「城」を単なる背景ではなく、生きたキャラクターにするために使われた。

『紅の豚』（一九九二年）に参加した後は、しばらくアニメーションの仕事から離れていました。最近になって、三鷹の森ジブリ美術館の『天空の城ラピュタと空想科学の機械達展』の展示で上映された短編アニメーション『空想の空とぶ機械達』と『空想の機械達の中の破壊の発明』などの制作に宮崎監督から声をかけていただいて参加しましたが、『ハウルの動く城』はそれ以来の作品です。

『ハウル』の作業に入るにあたって、宮崎監督から繰り返し言われたのは、「この城はキャラクターなのです」ということでした。例えば、物語の後半で、一度バラバラになった城が復活するシーンがありますが、そこでは、おんぼろの城ながら、再び立ち上

「引っ越し」としてハウルが魔法で城の中を変化させるシーン。ハーモニーが全体にわたっている。「初めての試みでどうなるのかハラハラどきどきワクワクだった」と言う高屋さん

がる力強さ、生命力がある感じを出すことを求められました。今までのハーモニーのように、背景になじませるという作業ではなく、キャラクターとして立たせたかったのだと思います。

ただ、ハーモニーの作業自体はセルの裏から直接色をつけていく昔ながらのやり方に変わりありません。画材はポスターカラーを主に使い、それをセルに定着させるためにセル絵具も混ぜて使っています。

ハーモニーは、ハウルの城、飛行船、ハウルの城の引っ越しの場面、それとハウルの部屋内部の細々したものも担当しました。城のハーモニーは、最初に宮崎監督のイメージボードと美術監督の吉田（昇）さんが描いた美術ボードがあった

ので、それをもとにしています。色合いは、宮崎監督から「錆びた古い感じで、ガラクタを集めたように」と言われて、錆び色が印象に残るように色を入れてみたのですが、ゴチャゴチャとした印象になってしまったように思います。同じような色調で、たくさん色が入っているようにしたかったのですが、描いてみたら違う色がたくさん入ったものになってしまって。吉田さんの美術ボードはロマンチックなのですが、それを見ながら私が描いたハーモニー用の城は、どうしたものか荒くれ者のようなデリカシーのない城に仕上がってしまった。吉田さんは多分イヤだと思ったんじゃないでしょうか（笑）。

城は次々と移動するので、吉田さんと相談しながら、背景に合わせて描きました。朝とか、夕暮れとか、背景の描き出す時間に合うように描くのです。使いまわしはありません。それだけに城の作業は、今までにやってきた仕事の中で、いちばん量がありました。

飛行船のハーモニーで大変だったのは、燃えている街の上を行く飛行船が炎の照り返しを受けて赤味を帯びている場面です。これは、宮崎監督に言われた赤味の色が出せなくて……。どうしても光の赤ではなく、赤い飛行船になってしまうのです。描き直しの描き直しで泥沼にはまり込んでしまいました。

ハウルの城が引っ越す場面は、ハウルの魔法が終わったところは背景ですが、その前は全部ハーモニーです。家具が変形するのを一つ一つ描くので、かなりの枚数になって大変でしたが、やったことがなかったので楽しかったです。描きながら、目の前にある絵がこの後、片渕（満則）さん（デジタル作画監督）のところ、次に奥井（敦）さん（映像演出）のところでどうなっていくのだろうと楽しみでした。

ジブリ作品の中でも、これだけ長い期間関われたのは初めてでした。誕生日を二回迎えたのですが（笑）、仕事はとっても面白かったです。

たかや・のりこ●一九六二年東京都生まれ。デザインオフィスメカマンに入社。その初仕事でスタジオジブリ作品『風の谷のナウシカ』の王蟲などのハーモニーを担当する。その後フリー。『天空の城ラピュタ』以降『思い出のマーニー』まで、多くのジブリ作品でハーモニーを担当する。ほか、『AKIRA』『王立宇宙軍　オネアミスの翼』『サマーウォーズ』『バケモノの子』など、参加作品は多数。

ハーモニーって何？

スタジオジブリでは、トレスマシンで転写したセルに絵画的なタッチで描いた素材を、「ハーモニー」と呼ぶ。ハーモニーを用いる場合、背景とハーモニーを重ねた一組で背景として扱われる。なお、セルに背景を描いた素材は〈セルブック〉と呼ばれる。

［ハーモニーの描かれる流れ］

❶ アニメーターによりハーモニーのための原図が描かれる。絵のどの部分、どの範囲をハーモニー処理するのかを示した、いわば塗り絵のような線画。
❷ トレスマシン（カーボン紙を使って、原画を熱でセルに転写する機械）で❶のハーモニー原図がセルに転写される。
❸ ハーモニー原図が転写されたセルの裏面から、ポスターカラーやセル絵具などで色をつけていく。絵画的なタッチを出すために、一度塗った絵具の一部を削って、違う色をその上から塗ったり、ハイライトの部分をセルの表側から塗ったりするなど、独特の塗り方がされる。
❹ 完成したハーモニーはデジタルカメラで撮影されデジタルデータ化される。

監督 宮崎 駿

Newsweek日本版二〇〇五年六月二十九日号

「前向きな悲観論者」の本音

A 'Positive Pessimist'

独占インタビュー 『ハウルの動く城』全米公開で宮崎駿監督に聞いた13の質問

日本で最も偉大な現役のアニメーション映画監督、宮崎駿（六十四）の印象は、作品から受ける感じとはまるで違う。服装は全身グレーで、ひっきりなしにタバコを吸う宮崎は、暗く宿命論的なユーモアの持ち主。しかし生み出す作品は対照的で、熱にうなされた時に見る夢のようにカラフルだ。

そんな彼の最新作、魔女の呪いで老女になった少女ソフィーが活躍する『ハウルの動く城』が六月にアメリカでも公開開始。ふだんはめったに取材に応じない宮崎が、本誌デビン・ゴードンにアメリカの反応や次回作について語った。

＊

――なぜ取材に応じる気に？

「『もうやってしまえ』」と思ってね（笑）。プロデューサーばかりに取材を受けてもらうのも悪いし」

――アメリカの子供はあなたの作品を見て夢中になるか、戸惑うかのどちらかだ。まるでふだんは、あなたが作るような作品を見る機会がまったくないようだが。

「それは日本の子供も同じだ。私は数年に一本のペースでしか作品を作れない。だからその間は、日本の子供も普通のアニメや子供向け番組を見ている。

『いま作っている作品があるけれど、完成するのは三年後だ』と言うと、子供はショックを受ける。私の三年と子供の三年では、かなりの差があることに気づいた」

――アメリカでも自分の作品が成功を収めるよう願っているか。

「製作中は日本の観客のことしか考えていない。外国の人にも楽しんでもらえればうれしいが、国際的なビジネスとは考えないようにしている（笑）。おそらく私のプロデューサーは、正反対のことを言っているだろうが」

――『千と千尋の神隠し』がオスカーを受賞した時は驚いたか。

「あの時は、アメリカがイラク戦争を始めた直後で、私は非常に強い憤りを感じていた。

だから受賞にも少しためらいがあった。当時、製作を始めたばかりだった『ハウルの動く城』は、イラク戦争に大きな影響を受けている」

――この作品は、子供向けの映画としては珍しく老いを扱っている。

「この映画を作って、六十歳の少女に見せようと思ってね（笑）。この物語が素晴らしいのは、呪いが解けて主人公が若返るというハッピーエンドではない点だ。大切なのは彼女が年を忘れること。原作には、いつ少女が元に戻るか書いていない。作者のダイアナ・ウィン・ジョーンズが言いたいのは、年は問題じゃないということだ」

――原作との出合いは？

「（次々に本を読むそぶりを見せながら）片っ端から山のようにたくさんの本を読んで、『あ、これはいい』と思った。この映画を機に、多くのジョーンズ作品が日本語に翻訳された。彼女の作品でとくに好きなのは、女性がみんな型破りなところだ」

――ストーリー展開は欧米の観客にとってなじみがない。

「話が理解できないという人はたくさんいる。彼らは物語とはこう展開するものだと決めてかかっていて、予想が裏切られると文句を言う。それはおかしいと思う」

――そうした現状を変えるには？

「変えられないだろう。型どおりの作品が多いほど、人々の固定観念は強まる。私の父は、最初の三分で結末がわかるようなテレビ番組しか見なかった。『これならわかる』と言ってね。人を変えようとするのは時間の無駄だろう」

――以前は『千と千尋』が最後の作品になると言っていたが、考え直したのはなぜか。

「映画監督は『元』という言葉がつかない数少ない職業の一つだろう。一度なったらずっと監督だ。監督に与えられる権威を一度手にすると、手放せなくなる」

――では『ハウル』も最後の作品にはならないと考えていい？

「ベストは尽くすつもりだ。今は三鷹の森ジブリ美術館のために短編を作っている。長編作品の構想はあるが、まだ形になっていない。今までよりシンプルで楽しい作品を作りたい。うちのスタッフを見ても、昔は不安があっても表には出さなかったから、気にとめなかった。でも今の世の中は、不安が生活を支配する主旋律になっている。（だからこそ）とんでもなくハッピーなものを作らないと」

――アメリカで日本アニメ人気が高まる一方、日本ではアニメ産業が衰退しつつあるというが。

「死の床に就いていると言っていいありさまだ。才能ある若手が出てこない。映像を作りたいという若者は多いが、みんなＣＧでやりたがる。手で紙に絵を描こうという人はきわめて少ない。スタジオジブリは若者が働く場所だったはずだが、今ではおじいさんとおばあさんの職場になりつつある。私は死ぬまでここで働くつもりだ」

――『GHOST IN THE SHELL／攻殻機動隊』の押井守監督が以前、あなたは心の奥底で日本を破壊したがっていて、流血シーンの多い映画を撮りたいと思っていると言っていたが。

「（笑）破壊したいわけじゃなくて、壊されるだろうと考えているだけだ。押井は私の友人で、いつもけなし合っているんだ」

――それにしても、押井はなぜそう思ったのだろう。

「私が『大地震が起きるなら、さっさと起きればいい』などと言うからだろう（笑）。確かに私の考え方は悲観的だ。でもふだんは、とても前向きな気分でいる」

期待を裏切らない巨匠のマジック

ハリウッドとは異なる世界観

『千と千尋の神隠し』で宮崎駿監督の不思議な世界を味わった人なら、最新作『ハウルの動く城』を見逃すはずはない。宮崎は毎回欠かさず魔法を生み出せる数少ないアーティストの一人のようだ。

ダイアナ・ウィン・ジョーンズの小説が原作のこの映画の主人公は、18歳の少女ソフィー（英語版の声はエミリー・モーティマー）。荒地の魔女（ローレン・バコール）に呪いをかけられ、90歳の老女に変身させられる。この魔女は、ソフィーが出会った美しく謎めいた魔法使いハウル（クリスチャン・ベール）にかつて思いを寄せていた。

あらすじの説明はここまで。物語は宮崎アニメらしく、次々と予想外の展開をする。呪いを解こうとするソフィーに火の悪魔（ビリー・クリスタル）や戦争、心の疑念がからんでいく。

宮崎アニメは、善悪をはっきり分けて描くハリウッド式家族向けエンターテインメントの「お約束」とは無縁だ。ハウルは優しいのか邪悪なのか、それとも両方を少しずつ併せ持つのか。ソフィーが自分に呪いをかけた魔女の世話をするなどと、誰が予測できるだろう。

さらに敵味方の説明もなく、観客をいきなり戦乱の世界に投げ込む。こんな荒業をあえてやるのは宮崎くらいなものだ。

『ハウルの動く城』は、夢で見る物語のように展開する。ドアを開ければ、そこにはいくつもの現実が重なり合い、驚きの後には、さらなる驚きが観客を待ち構えている。

デービッド・アンセン

映画公開当時の新聞記事を紹介！

＊シリーズ「ジブリの挑戦」は二〇〇四年一月九日から二〇〇六年七月二十一日まで連載されました（全三十五回）

《ジブリの挑戦》

原作者と監督　センス共鳴

遠い日本に住む宮崎駿監督と自分との共通点を、英国の児童文学作家、ダイアナ・ウィン・ジョーンズは感じている。「ハウルの動く城」の原作者は、「まず二人ともたばこが好きだということね」と言って、紫煙をゆっくりとくゆらせた。

疾走感と浮遊感——。原作となった「魔法使いハウルと火の悪魔」には、長距離を一気に駆け抜ける魔法の靴が登場する。こんなスピード感は、宮崎作品でたびたびお目にかかれる。

ユーモア——。「自分で読んで、笑い転げてソファから転げ落ちたことがあった。映画にもユーモアは引き継いで欲しいわ」

これも、宮崎作品になくてはならない要素だろう。ベネチア国際映画祭で、多くの観客が映画に笑い転げた事実を伝えると、ジョーンズは満足そうな笑みを見せた。

女の子が活躍する物語が多いのも両者に共通する。ジョーンズが女の主人公を造形するのに、児童文学を取り巻く偏見と闘ったことは、先週紹介した通り。「まだまだ偏見は目に見えない形で残っている」と言うが、今や、老女をヒロインにした物語が描かれるまでになった。

「若いソフィーが年を取ったのは不幸だけど、不幸中の幸いもある。若い女の子だったらできない大胆なことも、ソフィーにはできるようになります。彼女は年を取って、解放されたのよ」

ジブリのアニメーターが、ソフィーを、かわいらしいおばあさんに描こうとして、監督が「容赦なく、年寄りにして欲しい」と注文したことがあったと聞く。「それこそ、監督がこの物語の本質を完全に理解している証拠だわ」

広大なユーラシア大陸を挟む島国で生まれ育った想像力豊かな二人が、深い場所で共振している。宮崎監督の新作に、この原作が選ばれた理由がわかったような気がした。

映画化に当たり、原作者として出した要望を覚えていないというが、「確か、ハウルの性格は変えないようお願いしたと思う」。

わがままで見えっ張りで、すね屋の弱虫。そして、優しい美青年。その魅力を一言で表現するのは難しい。「しいて言えば、モデルはうちの末っ子。ずっと髪をとかしているような子だったもの」

ソフィーの役割は、美男子のハウルに「あなたは利己的だ」と指摘することにあったと筆者は言う。ところが、ハウルの魅力は筆者の予想を超え、若い女性読者のハートをたちまちつかんだ。

「ハウルと結婚したいという声がとても多いの。きっと苦労すると思うのに……」

映画と原作では、大きく違う点もある。まずは動く城の形。

「私は石炭みたいにブロックでできたイメージだったの。監督は足をつけたのね。きっと城を動かすために必要だったのね。それも、鶏みたいな。とてもいいわ。素晴らしいアイデア」

彼女が想像した、動く城の原型は、原作本のカバーにも見える。

ソフィーの住む世界には、少しずつ戦争の暗い影が忍び寄っている。だが、映画では「戦火の恋」がより強烈に描かれている。

「戦争の存在を忘れないでいてくれたのはうれしいわ。原作ではひそかに戦争の気配を感じさせる程度に抑えました。宮崎さんも私も、戦争のひどさを知る世代だと思う。ただ、それをどう表現するかで違うだけ。私は、どちらかというと、戦争を封印しているんです」

◇

共通点と違いがあって、初めて映画と原作は、それぞれが芸術的に自立した作品として並び立つ。

そう言えば、原作者が指摘する共通点がもう一つ。原作に、ある場面で「緑色のネバネバ」した物質が登場する。「ネバネバ」と言えばむしろ宮崎作品でおなじみの表現ではないか。

それが、映画で描かれるかどうかは、見てのお楽しみ。こんな小さなところでも二人のセンスは共鳴している。

原田康久

（二〇〇四年十月八日　讀賣新聞夕刊）

ベネチア映画祭二〇〇五 ■下■

子供の魂に触れたい「ハウル」娯楽映画の枠超えた

栄誉金獅子賞を受賞した宮崎　駿監督

〝世界のミヤザキ〟に、また一つ、大きな勲章が加わった。第六十二回ベネチア国際映画祭での栄誉金獅子賞受賞。世界の名だたる巨匠が受けてきた名誉に、宮崎駿監督も名を連ねた。

「監督業は人前に裸で立つようなきつい仕事。その上、賞を逃して隣の受賞者を祝福するなんてキザなことは僕にはできない」と、これまで晴れの席には出なかった宮崎監督。だが、今回はベネチア入りした。

これには欧州のファンも大喜び。映画祭会場の赤じゅうたん沿道には、ジブリのＤＶＤ

や本を手にしたファンが殺到し、監督も時間をかけてサインの求めに応じた。授賞式では、司会者が制するまで拍手が鳴りやまず、『風の谷のナウシカ』などの上映会も拍手と歓声で興奮状態。受賞会見では、殺気立つジャーナリストの質問に丁寧に答えた。

そんな中、我々日本人記者団に対して、予定時間を大幅に超える八十分間もインタビューに応じた。

――『ハウルの動く城』について。

「のろいが解け、おばあちゃんが若い娘に戻って幸せになりました、という映画だけは作ってはいけないと思った。だったら、年寄りは皆、不幸ということになる。難しいテーマだから、悪役をやっつけて終わり、主人公がニッコリして終わり、では済まなくなった。深いところにテーマを探るうちに通常の娯楽映画の枠組みに構っていられなくなり、結果、非常にややこしい作品になった」

――アニメーション制作現場の状況は。

「ますますひどくなっている。高齢化が進み、冗談抜きに老眼対策をどうするか考えないと」

――2Dアニメーションの魅力は。

「鉛筆で書いた素朴なものでも面白いものはできる。このご時世、とことん鉛筆にこだわるのもいいかも。げたの店がどんどんつぶれ、最後に残った店が生き残る。ジブリもそうやって残れるかもしれない」

――コンピューターについて。

「実は僕らも、ピクサー（『トイ・ストーリー』などで知られる米国のアニメ制作会社）並みにコンピューターを使い、絵を処理している。でも、ジブリのCGスタッフはアナログの良さをきちんと理解している。コンピューターを使えば、描いた絵の色を全部変えられる。編集も簡単。容易に他人の仕事に介入できる。合理化に見えるが、やってはいけないこと。作品が甘くなり、他人を傷つける」

――3D（立体）CG全盛の米国について。

「技術革新のせいじゃなく資本の論理。米国の優れた監督、アニメーターが資本の都合ではない映画を作れば、相当面白いものができるはず。僕らも今、ジブリ美術館用に三本の短編を作っているが、お金にはならない。でも、面白くなる」

――かつての引退宣言については。

「『もののけ姫』の時が辞め時だった。絶対に客が入らない、ジブリはつぶれるかもという覚悟で、思い切りやった。そうしたら当たった。監督というのは煩悩が増す仕事で（辞められない）。何年やっても、立派な人間になれない」

――今、目指す映画は。

「子供の魂に触れる作品。先の見えない大変な時代に生まれた子供たちに、それでもやっぱり、よくぞ生まれてきてくれた、おめでとうと言いたい。生まれてきて良かったんだと思える映画を作りたいんです」

原田康久

（二〇〇五年九月十七日　讀賣新聞 夕刊）

Part3

作品の背景を読み解く

ロシア建築史の専門家、本田晃子はいう。

「ハウルの城は、ソフィーやハウルといった登場人物に負けず劣らず、魅力的かつ謎めいた存在だ」

翻訳者、西村醇子は、原作と映画の差違として、音にまつわる設定に着目する。

「（映画の）ソフィーたちを取りまく世界の騒々しさは、音をかき消す働きをもっている」

そして荒地の魔女役、美輪明宏は、ハウルの心臓に対する魔女の執着を喝破する。

「まさに物欲とはこういうものです」

多彩な論者たちの多様なハウル論。それは映画本編に劣らず面白い。

● viewpoint

少年の純粋はたまゆらのごとく

美輪明宏
（歌手・俳優・演出家）

『ハウルの動く城』には純粋さについて、欲望について、戦争について、老いについて、善と悪について……さまざまな問いかけが潜んでいると思います。

私が声優として演じたのはソフィーに魔法をかけて老いぼれにし、ハウルの心臓を盗んでしまうという悪事をはたらく「荒地の魔女」でした。単純に考えれば魔女は悪役。でも、私が演じた「荒地の魔女」は間抜けで、お人好しで、悪ぶってるだけじゃないかと思うくらいに魔女の資格がない普通のおばあちゃんにも見える。

そこが、いかにも私の好きなジブリ作品の懐の深さでしょうか。多様性を包み込む。「悪人にも一分の理」と言いますけれど、そうした善と悪が簡単に区別できないということを、知らず知らずに教えてくれるような存在と思いながら、役に臨みました。

宮崎さんとは「一卵性双生児」

もともと私はジブリのアニメ作品に親しんでいたのですが、実際に参加するのは『もののけ姫』での「モロの君」役が初めてでした。そこで宮崎駿さんにお目にかかったのですが、世間話から政治の話まで、ありとあらゆることへの意見がピタリと一致するんです。

「私たち、一卵性双生児じゃないかしら」

なんて冗談を飛ばしあうくらいに気が合って、本番前というのに二人の話が止まらなくなってしまって……。プロデューサーの鈴木敏夫さんが、まだ終わらないのか、まだ終わらないのかって二人の廻りをグルグル歩き回りながら困っていたのを、覚えてますよ（笑）。

宮崎さんが私の声と演技を気に入って下さって、収録も順調でした。だって、テスト、本番、テスト、本番の繰り返しだけで済んだんですから。録り直しはほとんどなし。たとえば笑い声の入るシーンで、私は宮崎さんに、その場でいくつかのパターンの笑い方をやるんです。宮崎さんはそれを聞いて「じゃ、何番目の笑い方にしてください」って即断して下さる。あまりにもテンポが早いんで、ディレクターが不安そうに「ほんとにいいんですか、ほんとうに？」と聞くくらいでした。

『ハウル』で魔女役のオファーをいただいたときの、宮崎さんとのやりとりも面白かったですね。みなさんご覧のとおり、「荒地の魔女」は自分ではまだいい女だと思っているけど、ものすごいデブで、あごはたるみ放題の醜女。

「どうして私を選んだんですか？」

って、それは聞きたくなりますでしょ。

そうしたら宮崎さん、

「魔女のデッサンを描いてると、いくら描きなおしても美輪さんの顔になっちゃうんですよ」

って笑いながら平気で仰るんですよね。「私、こんなに不細工？」ってまた二人で大笑いでしたね。

『もののけ姫』以来ですが、こんなツーカーの関係になれたのは、ご縁のなせる業としか思えません。

キムタク、三島、寺山修司

『ハウルの動く城』で木村拓哉君とお仕事をできたのも、ご縁の賜物です。木村君はそのころ三十二歳くらいだったと思いますが、実際にお会いすると、大正から昭和初期にかけての人物画を代表する高畠華宵《たかばたけかしょう》の作品のような、清らかで透明感のある魅力があるんです。ただ、私もちょっとからかってみたくなって、

「あなた、トトロに似てるわね」

って言ってみたんです。

「え、僕の顔ってトトロ顔ですか」

なんて吹き出していましたけどね。そしたら宮崎さんが、

「木村拓哉に向かって、トトロ顔って言えるのは美輪さんくらいだよなあ」

って大笑いでした。

でもトトロって優しいでしょ。木村君も本当に優しい、男の優しさを持った人なんです。責任感を併せ持った優しさですね。『武士の一分』の演技でも見せてくれた、あの感じです。

一方で、ハウルが持っている優しさは純粋さに裏付けられた、少年だけが持つ優しさです。たまゆら、つまり夕日が沈むまでのほんのちょっとの瞬間、少年が大人になる直

前に現れるような種類の優しさなんです。

ですから木村君の当時の年齢を考えると「大丈夫かしら」と少し心配したくらいでしたが、見事に十代後半の少年の声になっていましたね。声の強弱を使い分ける技術やアーティキュレーションも、発音の仕方も、それは見事でした。私は舞台演出もしますから、俳優を多角的に観察する癖がありますけれども、木村君は演技者として、いろんなテクニックを持っている人なんだと思いました。

実は木村君との「共演」は、ハウル以後にもう一度ありました。私が出演した二〇一二年の紅白歌合戦。いろいろと騒がれましたけど、このとき私は「ヨイトマケの唄」をステージで歌うことにしました。

ところが出来上がった台本を読んでみると、「前説」にあたる歌の紹介の仕方が、ちょっと私の意図とずれていたんですね。「これじゃ困る」と思って私、原稿用紙一枚分、書き直しました。そして、もう本番直前も直前の前日でしたけど、NHKの人に「木村拓哉君に読んでほしい」と託したんです。

当日、NHKで会った木村君に「ごめんなさいね、いきなりお願いをして。カンペ見ながらでも何でもいいから」とお願いすると、「いいえ、大丈夫です。任せといてください」ってニッコリ笑ってくれて。

それだけでも嬉しかったのに、さらに私を驚かせ、喜ばせてくれることが起こりました。彼は花道に立って私の原稿通り語ってくれたんですが、驚いたことに私が書いたものを丸々諳《そら》んじてくれたんです。

そして、親が子を想い、子が親を想う無償の愛の歌として「ヨイトマケの唄」をあらゆる世代の人たちに紹介してくださった。私が歌い終わったとき、木村君は思わず涙ぐんでいたといいますが、その変わらない誠実さ純粋さに私のほうこそ感動してしまいました。

思えば、寺山修司さんも三島由紀夫さんも、少年のような純粋さを持った人でした。長い付き合いでしたから、もうそれは、笑っちゃうようなことがいっぱいありました。

寺山さんは少年というよりも、無邪気な子供のような感じでしょうか。稽古場で私の演技を見ながら「俺、こんないい芝居書いたのかなー」「いい台詞書いてるなー」って自画自賛を始めてしまったり。

三島由紀夫さんで思い出すのは、私が『紫の履歴書』という自叙伝を書いたとき。序文を寄せてくださるというので、原稿を受け取りにご自宅に伺ったんです。

「こんなに君、金に困っていたとは知らなかったよ。どうして俺のところに借りに来なかったんだ」

私は原稿を頂きながら、「私は三島さんに文学のほうでは及びもつかないけれど、いずれ歌やお芝居で、あなたと肩を並べるだけの人間になりたい。あなたのような一流の人になれるように頑張りたいんです」と言いましたら、三島さんは椅子から立ち上がって、「そんなに僕のことを買いかぶってくれて、ありがとう」と、真面目に頭を下げられるんです。

なんて、少年のような純粋な人なんだろうと感動しましたね。

人久しといえども、百年には過ぎず

『ハウルの動く城』には人間の欲望についての警鐘的なメッセージも、色濃く描かれているように思います。私が演じた荒地の魔女はハウルの心臓を盗んでしまう。そして、最後まで心臓を返そうとせず、固執する。

それは魔女が持っていないもの、純粋なハートそのものだからこその固執なのでしょうが、まさに物欲とはこういうものです。

「五欲に著し悪道の中に堕ちなん」。日蓮の教えです。性欲、物欲、食欲、名誉欲、業欲、これに耽《ふけ》ってはは悪道に陥ってしまうことを戒めたものです。つまり、人間にとって理性で感情、情念をコントロールすることは永遠の課題なのです。

この作品ではハウルも、ソフィーも、魔女もそれぞれに「老い」に抗おうとする。これも欲望の一つの形だと思いますが、それで思い出すのは蜷川君とのやりとりですね。

先ごろ蜷川幸雄君が亡くなりました。私とほぼ同年代でしたが、彼とは演劇の方法論も演出の仕方も正反対。ただ、何かと話をすることはありました。覚えているのは、彼が晩年、私の楽屋を訪ねてきて、

「美輪さんずるいよ、ずるいよ。ぼくはここにペースメーカーが入ってるのに、美輪さんはシワもないし、シミもないし、舞台を飛んだり跳ねたりしてさ！　不公平だ！」

って笑いながら言うんです。

「私は灰皿投げたりしないからね。ひねもす平和だからよ」

って言いましたけど、誰にとっても死も病気も老いというものも、不意に向こう側からやってくるものです。

結局人間の世の中というものは、これも日蓮の言葉ですが、「人久しといえども、百年には過ぎず。ただ一睡の夢ぞかし」。百年以上生きることなどできないんです。百年なんてちっぽけなものですよ。そう考えると、何かに拘って欲を持つことがアホらしくなってきませんか。

戦争だって人間の欲望が、一番いびつな形で出現したものでしょう。『ハウルの動く城』に限らず、戦争はジブリ作品の重要なテーマの一つですが、私が言っておきたいのは日本人の本質とは「やまとごころ」である、ということです。

やまとごころ。大和魂を連想させて何やら軍国主義的に聞こえてしまうかもしれませ

んが、そうではありません。やまととは、大和と書く。大きな和なのです。そして、多様性を重んじて全部懐に包み込むことができるのが、本来の大和心というものなのです。自然との共生、異物との共存。『ハウルの動く城』だって、ハウルの心臓をきっかけに、ハウルとソフィーと魔女が一堂に集まり和することになりますものね。それがジブリの精神だと思うんです。

荒地の魔女のセリフで、今でもよく覚えているものがあるんです。「恋だねェ……」という一言です。声はシワシワの老いて震えたものにしましたが、本来は自分よりも若いハウルやソフィーにむけて、自分の青春時代を回想している郷愁のような、魔女なのに純粋で清らかでさえあるような、そんな善も悪も超えた慈愛のような一言だと思うのです。

欲望を超えたところに、純粋な気持ちはある。『ハウルの動く城』は、数あるジブリ作品のなかでも、純粋がもっとも純粋に描かれた作品のように、私は思います。

みわ・あきひろ◉一九三五年長崎県生まれ。シンガー・ソングライターの先駆けとして「ヨイトマケの唄」がヒット。また、文士との交流が深く、主演舞台に江戸川乱歩原作・三島由紀夫脚本『黒蜥蜴』、寺山修司脚本『毛皮のマリー』などがある。

鈴木敏夫×山田洋次（映画監督）対談

映画を愛する二人から映画製作のススメ

シナリオのない映画

――『ハウルの動く城』、ご覧になっていかがでしたか。

山田　宮崎監督が作られた作品について、見てすぐに、あそこが良いとかもの足りないとかいう感想を手軽に語るのは失礼だと思いますが、まずはなんといってもあの城の動きが素晴らしいですね。実はあの画《え》を見た時、もしかしてこんな風に動くんじゃないかな、と僕が思ったとおりに動いてくれている、とでもいうのか。これはあの映画をこれから見るであろう、何百万という観客の思いなのでしょうけどね。

今、スタジオを見学しながら鈴木さんに、「（宮崎監督は）脚本を書かずにいきなり絵を描き始める」という話をうかがって、予想もしていなかったので驚いたのですが、でもなるほどなとも思いました。そうでなければ、あの世界は描けないだろうと。

鈴木　シナリオがないんです（笑）。もちろん、宮さん（宮崎監督）も、最初からそうしていたわけでなく、『魔女の宅急便』まではシナリオを書いていました。今のような方法をとるようになったきっかけは『紅の豚』です。

それまで彼は「アニメーションというのは子供が見るものだから、絶望を語ったりせずにラストは希望で終わらせないといけない。当然、話に起承転結も必要だし、それは自分の義務だ」と事あるごとに、語っていました。ただ、そういうものばかり作ってくると、どこかでストレスがたまってくる。「一回くらい自分のために作らせてよ、短くていいから」と言い出し、『紅の豚』がスタートしました。当初は二十分の予定で、コンテを描いて見せてくれたんですが、僕には何がなんだかさっぱりわからない。それで「彼は何で豚になったんですか？」などと話し合いをする中で、気がついたら五十分のものになった。そうなると、この中途半端な長さでは世の中に出せないから、今度は僕の方から「八十分にして下さい」と言い、最終的には九十分のシナリオのない映画第一号が誕生しました。

建て増し、建て増し

山田　だんだん建て増ししていくという、日本の建築と同じだな。西洋の人にはない発想でしょう。

鈴木　おっしゃる通りです。もともと彼の考え方はそうなんです。『ハウル』の《動くお城》のデザインもまさにそうです。

山田　確かにそういう形だな。建て増し、建て増しの。

鈴木　西洋の人だったら、まず全体像を作ってから部分にいきます。

山田　全体のバランスや美しさを考えますね。

鈴木　必ず左右は対称ですし。ところが彼は、あのお城を作るときに、まず、頭のところを作ってから、一つ一つの部分を建て増ししていって、辻褄は後で合わせる。おまけに、なんと、城の中のことは考えていませんでした。後から「中はどうしよう？」と相当悩んでいました（笑）。結局、外から見るとあの大きさがありながら、城の中は二階しかありません。

山田　そうですね。広くないし、どこにエンジンがあるんだ、とかいろいろ考えてしまう。

鈴木　本当は三階か四階建てにしようと思っていたんです。彼の作品作りの特徴は、建物そのものが大事な道具立てになりますから。ところが原作に、ノブをひねると四つの世界に行くことができるという設定があるので、それとの関係をどうしようかと迷った結果、今のようになりました。

『紅の豚』から始まった建て増しのシナリオ作りが、だんだんエスカレートしてきて、その最たるものが『ハウル』かもしれません。

一カットの長さが違う映画

鈴木　『ハウル』は千四百カット近くある映画で一カットは平均五秒の予定でした。それが何十カットかできた時に調べてみたら、いつの間にか一カット十秒になっていたので急いで「宮さん、秒数が倍になってますよ」と言いました。そしたら、ここが宮崎駿の面白いところなんですが、言い訳をすぐに考えた。ばばあが主人公の映画だから、長くなるのは当たり前だと。で、その後は、一カットの時間を縮めて五秒にしてきました。ですから、この映画は前半と後半で一カットの秒数が違うんです。『千と千尋の神隠し』でも前半と後半では流れる時間がまるで違います。宮さんは、これだけ映画を作ってきていながら、そういったことには、わりと無頓着な人ですし、最近は「いいんだ自在で」と開き直ったようですね（笑）。

山田　時間は延びても縮んでもいいし、空間的にも自由でいいんだということですね。

鈴木　アニメーションの場合、特に空間と時間は大事です。なにしろ、絵空事なわけですから。そこを真面目にやらないと、お客さんに信じて貰えない。これまで彼の映画の中では、理論上解決できることしかやってきませんでした。ところが今回の作品には、「魔法で解決」がたくさん出てきます。これについては「それをやっていいのか」と悩んでいましたねえ。

山田　理論的に説明がつかないことをやるということについて？

鈴木　魔法なら何でも簡単なんです。本人が開き直ったのか、今回はそれを多用しています。

山田　確かにそうなっている。

自分がその場にいたらどう見えるか

山田　怪しげな爆撃機が飛んでいくシーンを見て、東京空襲の時のB29はちょうどあれくらいの大きさに見えたんだと思いました。

鈴木　宮さんは想像力が豊かで、しかも、具体的、現実的な人なので、いつも、自分がその場に立ち会ったらどう見えるかということで描いています。敗戦当時、彼は四歳だったけれど、その記憶を想像力で膨らまし、「戦争はこうやって起こる。そして、居合わせた庶民が知り得ることはこの程度だろう」と考えていく。決して俯瞰してものを見ない人です。僕なんかは、「一方、こちらでは……」と、少し説明したらどうかと思うんですが、彼は主人公の視点から、周りの状況がわかってくるという映画しか作りません。

アニメーターで一生を終わりたかったのに、諸事情で監督をやらざるを得なくなった人で、いまだに監督はやりたくないと、言ってます。

山田　面白い人だな。

鈴木　自分で描けるので、スタッフに演技の指導はしますが、違う場合は描いてしまう。

山田　上がってきたものが監督のイメージと全然違うってことがあるでしょうからね。

鈴木　実はほとんど彼の意に添わないわけです。他の人にも描いてもらうのは、それが宮さんの発奮材料になるから（笑）。結局、一日に何百枚という絵を彼が描いています。

山田　何百枚！　すごいな。

鈴木　ただ、たまには、こんなこともあります。『ハウル』で、ソフィーと荒地の魔女が階段を上っていくシーンがありますね。あれはもともと宮さんが「おばあちゃん二人が階段を上っていくシーンがやりたい」ということで始まりました。しかし、その感じを演技として描ける人はなかなかいない。当初の予定では、お話で持たせる予定でした。段の途中でソフィーが手を差し伸べて、おばあちゃんがおばあちゃんの手を引くことで感動させようと思っていたんです。そうしたら、ある日、そのシーンを描ける、優秀なアニメーターが見つかった。その途端に、「これは（間が）もつよ」となって、コンテの内容が変わり、秒数も倍になりました。宮さんは大喜びでしたよ。

山田　名優が登場したようなものですね。

倍賞千恵子さんの声

――名優といえば、他の監督の作品の中での倍賞さんの演技はいかがでしたか。

山田　この難しい役を、ちゃんと演じられたかしらという不安があったんですが、見事でした。彼女はたいした能力があるんだなと改めて感心しました。彼女の功績が大きいんじゃないですか。ほとんど出っぱなしですから。

鈴木　すごく大きいです。今回のソフィー役について、宮さんから、「若い時と年をとった時、両方の声をできる人」という要求がありました。本人は「東山千栄子さんがいい」って言うんですよ（笑）。だいたい、いつも出してくるのは亡くなった方の名前なんです。それで、僕が「倍賞さんはどうでしょう」と提案しました。でも、実際にお会いすると、じつに天真爛漫な方で、〝さくら〟とは正反対のキャラクターだったので、びっくりしました。

山田　普段の彼女を見ていると、どこからあの豊かなイマジネーションが湧いてくるのだろうと不思議ですね。天賦の才でしょう。

鈴木　ほんとうに感謝しています。

どんな映画を作っていくか

鈴木　実は、私は監督の映画が大好きで、八十本のうち、ほとんどを拝見しています。『男はつらいよ』は、テレビシリーズもすべてリアルタイムで見ています。先日『隠し剣　鬼の爪』も拝見して、非常に感動しました。

山田　ありがとうございます。宣伝コピーまで作ってくださったそうで。早速使わせていただきました。

鈴木　勝手に作りました。すみません（笑）。ほんとうに面白かったです。それと同時に、山田さんの世代の方が、ああいったきちんとした映画を作ってくださっていることにとても安心しました。

実は最近の若い人の映画を見るとびっくりすることが多いものですから。たとえば、『踊る大捜査線　THE MOVIE』（一九九八）を見た時に、これまでの小説、映画、漫画、芝居だったらかならず胸ぐらをつかみ合うような状況で、冷静に話し合うというシーンがあったんです。これは非常に衝撃でした。それから、いかりや長介演じる老刑事も、たとえば黒澤明監督だったら、臭みまで出して「刑事っていうのは嫌な商売だな」と感じさせてしまうような役なのに、その部分を消して、若者から見た理想の大人として描いた。

山田　意識的にそうしたのではなく、結果としてそうなっているんでしょうね。匂いを出そうという風には造形していないということ。

鈴木　人間は描かないわけですよ。しかし、等身大の若者が今、何を感じているか、ということを描くという点では、見事にやってのけていると思いました。

山田　そういう意味では、画面がサラサラしているし、快適さがある。

鈴木　同じ時期に、宮さんは二十歳の女性が主人公の映画を作ろうとしていたんですが、『踊る〜』のような映画が出て来ている中で、彼が二十歳の女性の映画を作っても何のリアリティもないだろうという気がして、あわてて「やめようよ」といった思い出があります。

コンビニのおかげで、いつでもどこでも物を食べられるようになったのと同じように、映画も、映画館だけでなく、いつでもどこでも見られるようになりました。そうした状況の中で、これからどういう映画を作ったらいいのだろうかと、悩んでいます。実は、とっくに決めていないといけない次の企画を、全然決められないんです。

山田　僕も撮影中にふと考え込むことがあります。「はたしてお客は、この映画を暗い映画館の中で、ある規模のスクリーンと立体音響の中で見るのだろうか。それとも、テレビモニターで見る人たちのことをイメージして作らなければいけないのだろうか」とね。おそらく、半分、映画によっては六割くらいの人がモニターで見るのかもしれないけれど、僕はそういう映画を作っているのではない。スタッフにも「劇場で見知らぬ人々がこの映画を見て一緒に泣いたり笑ったりする場面をイメージしないといけない」とよく話すんですよ。だから、撮影の時にモニターを見るのも好きではないです。カメラの横で俳優の顔を見ていないと、DVDを作っているんだという気持ちになっちゃってね。その演出の仕方は、いかんのじゃないか、作り方として衰弱ではないかと、思うわけです。

ジブリで起きることは、世間でも起きている

――ジブリを見学なさっていかがでしたか。

山田　ひと言でいって、うらやましいです。僕は、映画界の良き時代に、松竹の大船の撮影所に入ったんだけど、そこには千二百人くらいの人がいて、全員が社員で月給をもらっていた。印刷所や、現像場までスタジオの中にあったので、作らないのはフィルムだけと言われていました。監督も脚本家も用事がなくても撮影所にやって来てコーヒーを飲みながら、「こういう話が面白いんじゃないか」と議論があちこちでかわされる。ようするに撮影所が創造集団でした。小道具、大道具さんの古手には、面白い人がいっぱいいてね。そういう人たちを素材にして、僕たちは映画を考えたりしたんじゃないかな。あれをうーんとコンパクトにしたのが、このスタジオジブリですね。

鈴木　『ハウル』を作る前に、若い人を集めて企画検討会というのをしたんです。そこでまず出てきたのが「主人公が最初から最後までおばあさんでいいのか」ということです。それについて議論している中で、ある女性が「私は常々、どうして主人公は若くてきれいな女の子じゃないといけないのかと思っていた。おばあさんで全部やってほしい」と言ったりして、とても参考になります。

新しい企画を立てる時も、身の周りや、ジブリで働いている人たちのことからヒントを得ることが多いんです。今だと、若い人たちはみんな、親の問題で悩んでいる。精神障害を起こす子たちの原因をたどっていっても、みんな原因は親なんです。だから、子から見た親の映画を作ったらどうだろうとも考えています。

山田　具体的には？

鈴木　たとえば、アーシュラ・K・ル＝グウィンの『ゲド戦記』（岩波書店）のような外国のファンタジー。これなんかを読むと、登場人物が考えているのは自分のことだけで、こうした作品が今の状況に果たした役割は大きいです。そういうものに、さきほどお話しした、子から見た親の問題なんかを入れ込んでみるとどうなるのかなとか。あるいは、児童文学で、あさのあつこさんの『バッテリー』（教育画劇、角川書店）という本があります。これは小学校の時から天才ピッチャーだった少年が田舎に転校して、新しいチームの中で様々なことを学んでいくという話なんです。今はみんな、自分の中に閉じこもっているから、こうした話もいいのかなとか、いろいろ考えています。

ジブリの中で起きていることは、世間でも起きているだろうし、もしかしたら、世界でも起きているかもしれないというのが基本です。

一度きちんと、あの悲劇の時代を映画で描かないといけない

鈴木　アニメーション向きでない話にも興味があります。たとえば鈴木東民というジャーナリストの話ですね。戦前は軍部批判やナチス批判をし、戦後は自分を読売新聞に呼んでくれた正力松太郎の戦争責任を真っ先に追及したという人ですが、この人のこ

とを調べてみると、僕らが思っている戦争時代のイメージとはちょっと違っていて、とても面白い。おじさんたちはリストラに怯え、若者たちは未来図が描けないという今の時代に、こういう人のことを描くというのは意味があると思います。

山田　僕は軍人の話に興味があるんですよ。軍隊を描くのは危険な面もあるけれど、今までは、あまりにも一つのパターンでしか描かれてこなかった。国民皆兵の時代には、みんなが軍隊に行ったわけだから、軍人にもいろんな人がいたはずです。いずれにせよ、敗戦前後の話は、小説にも映画にもあまり描かれていないと思う。一度きちんと、あの悲劇の時代を映画で描かないといけないと思う。敗戦の詔勅を少年時代に聞いたことのある僕の世代の、それは責任ですね。

鈴木　戦争中の日本はどうだったかということでは、井上ひさしさんの芝居が、文章だけではわからないような日常をうまく描いています。

山田　小説や映画にはあまり描かれてこなかった。僕たちは少年時代にそれを知っている最後の世代ですからね。

――プロデューサーとしての鈴木さんの印象はいかがですか。

山田　得難い人ですね。こういう人と仕事をする監督は幸せだと思いますよ。コンテンツビジネスなどという仮名文字を口走る安っぽいプロデューサーはいろいろいるだろうけど、大切なことは、プロデューサーはまず、映画好きで、映画がわからないといけないということです。時々、道を誤るくらい映画が好きな人じゃないといけないんじゃないかな。

鈴木　僕はプロデューサーという仕事を途中からやり始めたので、どこかで素人という感覚がいまだに抜けません。ほかにやる人がいないので、やっているという気がしています。

山田　大工さんが家を建てるというような意味でのプロとは違うから、プロデューサーにはいろいろな形があっていいと思います。監督もそうだけど。

そういえば、以前、鈴木さんに「寅さんをもう一度作ってください」と言われたことがありますね。僕が「渥美さん、死んじゃったじゃない」と言ったら、「代わりがいます。高倉健さんです」とおっしゃって。

鈴木　高倉健さんには、ある時期まで演技が二種類ありました。一つはおなじみの折り目正しいヤクザもの、もう一つは『網走番外地』のような、すぐカッと頭にもくるけど善良だという人物。いつの間にか、そちらがなくなってしまったので、ファンとしてはつまらなかったんですよ。だめでしょうか。

山田　たぶん無理だと思うけど（笑）。でも、彼が寅さんのような単純な善人を演じたら楽しいでしょうね。本当に心がきれいな人ですからね、健さんという人は。

（構成　佐藤結）

やまだ・ようじ●一九三一年生まれ。五四年に松竹大船撮影所に入所。助監督を経て、六一年に『二階の他人』で監督デビューする。代表作に『下町の太陽』（63）、『馬鹿まるだし』（64）、『なつかしい風来坊』（66）、『吹けば飛ぶよな男だが』（68）、『男はつらいよ』シリーズ（69～95）、『家族』（70）、『幸福の黄色いハンカチ』（77）、『遙かなる山の呼び声』（80）、『キネマの天地』（86）、『息子』（91）、『学校』シリーズ（93・96・98・00）、『たそがれ清兵衛』（02）、『隠し剣　鬼の爪』（04）、『武士の一分』（06）、『母べえ』（08）、『おとうと』（10）、『東京家族』（13）、『小さいおうち』（14）、『母と暮らせば』（15）、『家族はつらいよ』（16）など多数。

ミヤザキの魔法

ディディエ・ペロン
（仏紙「リベラシオン」記者）

日本アニメーション界の巨匠・宮崎駿が戻ってきた。ベネチア国際映画祭のコンペ部門に、新作『ハウルの動く城』を出品したのである。宮崎一流の創作哲学に貫かれた美しくも奇怪な映像の数々は、まさに圧巻だ。

世界中を震撼させた北オセチア共和国の学校占拠事件は、ここベネチアで開催中の国際映画祭にも大きな衝撃を与えた。イタリアの新聞はこの事件を何面にもわたって取り上げ、負傷した子供たちや遺体の大きな写真とともに報道した。映画祭では金曜の夜、マイケル・マン監督の作品『コラテラル』の上映に先立ち、招待客が一分間の黙禱をささげた。

英国の劇作家J・M・バリーの名作『ピーター・パンの冒険』の誕生秘話（やや

だらだらとした感じではあるが）を描いたマーク・フォースター監督の作品、『ファインディング・ネバーランド（原題）』の記者会見でのこと。主演のジョニー・デップに、「このような恐ろしい事件が起きている時に、空想の世界への逃避を促すような映画を上映することにためらいはないか」との質問が向けられた。デップはこれに対し、次のように答えている。「こういう時だからこそ、観るべきなんだ。おぞましい現実を見せつける映画じゃなくて、人生のあるべき姿を教えてくれる映画をね」。

「お年寄りのためのアニメーションはあるか」

イマジネーションの素晴らしさをうたい上げたこの映画の余韻にひたる観客を、さらなる幸運が待ち受けていた。日本アニメーション界の巨匠・宮崎駿の最新作の、世界に先がけたプレミア上映に立ち会うという幸運である。この作品のコンペ部門への参加を実現させたことが、映画祭の新ディレクター、マルコ・ミュラーの快挙のひとつであることは間違いない。宮崎自身は残念ながらベネチア入りしておらず（『千と千尋の神隠し』がベルリン映画祭で金熊賞をとった際も、彼は授賞式に来なかった）、上映会場には宮崎の友人でもある鈴木敏夫プロデューサーがひとりで現れた。

英国の児童文学作家D・W・ジョーンズの小説をもとにした『ハウルの動く城』が、数ある宮崎作品の中で最も奇想天外な映画であることは間違いない。映画祭のカタログに載った紹介文には、宮崎のこんな言葉がある。「お年寄りのためのアニメーションはあり得るか、という問いに、私はこの映画で答えたいと思います」。

実際、物語の主人公の年齢はコロコロ変わる。主人公の少女ソフィーは、ヨーロッパのどこかの町にある帽子屋の店員。ある日彼女は、もじゃもじゃの金髪にイヤリングをつけ、『ハンキー・ドリー』時代のデヴィッド・ボウイみたいな格好をした魔法使いのハウルと出会う。恋の気配を嗅ぎつけた荒地の魔女（真珠をジャラジャラさせた大女）はソフィーに呪いをかけ、彼女を関節痛もちの九十歳のおばあさんに変えてしまうのだ。ソフィーは恐ろしい魔法を解こうと、ハウルの城を探す旅に出る。このハウルの城が、ガタゴト揺れながら蒸気を吐き、山越え谷越え歩き回るという、とんでもない建物なのだが……。

渦巻く興奮

これは、前代未聞の作品の序章にすぎない。宮崎自身は今回の作風を、物語の連続性にも、時代や場所の一貫性にもとらわれないという点で、デヴィッド・リンチ監督の『ツイン・ピークス ローラ・パーマー最期の7日間』にも近い、とみている。観客は大渦にのまれ、仰天と驚愕の世界に連れていかれる。中でも重要なのが、さまざまな〝炎〟の存在だ。まるで生き物のように暴れまわり、大波乱を巻き起こす、城の暖炉の炎。ハウルが子供の頃に飲み込んだ不思議な炎（そのために彼は、半分が王子で半分が悪魔という奇妙な姿となり、黒い羽根が降り注ぐ惑星の上を飛び回るのだ）。物語の舞台を燃え上がらせる戦いの火（血のように赤い空を背景に、歯のある鳥の形をした爆弾を吐き出す兵器が飛び交う、謎めいた戦争）。そして、老婆の体をもつ少女ソフィーと美青年ハウルをつなぐ情熱の炎。

この作品の構想を、宮崎はずっと前から温めてきた。今回、ようやくその製作が実現した背景には、無数の観客を動員した過去の作品の成功と、それによってスタジオジブリが蓄えることができた財力とがある。物語は、酔いしれたような勢いで一気に進行する。絶えず入れ替わる風景、溶けたように消えてなくなる登場人物、ぱっくりと開いた床の下に現れる逆さまの世界、廃墟と化したかと思うとたちまち復元する城。そしてソフィーは、奇怪な生き物に姿を変えてあちこちに出没するハウルを追い、彼の過去の断片をたどってゆく。時間はその枠組みから解き放たれ、ディオニソス的な混沌と喧騒が、アポロン的な明るく調和に満ちた世界を求める登場人物の願いと対立する。

観客は、宮崎が彼らの眼前で作品を繰り広げ、折り畳み、くしゃくしゃにし、ところどころを削り、そして引き裂くかのような感覚にとらわれる。まったく、なんという大胆な試みだろう。単純なスケッチを理想の高みに引き上げる宮崎の超人的な霊感には、どれほどの苦悩、喜び、そして狂気が秘められていることか。

こんな映画を観た後は、頭がしびれて何もできない。レクソミール（睡眠薬）入りのサンドイッチをコップ一杯のロヒプノール（精神安定剤）で飲み込むことぐらいしか考えつかない。

仏リベラシオン紙（二〇〇四年九月六日付）

ディディエ・ペロン● Didier Péron 一九六七年フランス・ポンラベ生まれ。仏紙「リベラシオン」文化面のチーフエディター。

建築が飛び立つとき

本田晃子
（早稲田大学高等研究所助教・建築史家）

ジブリ作品の登場人物たち、登場建築たちは、時に重力に逆らって空をめざし、時に重量をもたないかのように空中を漂う。このような浮遊する身体や建築の描写は、もちろん実写でも特撮技術やＣＧを用いれば不可能ではないが、やはりゼロから「動き」を作りだすことのできるアニメーションの醍醐味であるといえよう。物理的な引力を離れて、あるいは地上のさまざまなしがらみを離れて自由に空を駆ける登場人物たちの姿には、アニメーションを見ることの喜びが凝縮されている。しかし面白いことに、彼らの運動はけっして地上から空へという単純なベクトルをたどらない。そこには常に地上と天上の間での複雑な上下運動がみられるのである。なかでもハウルの城の運動は興味深い。それは物語の中でさまざまに姿を変え、建築物であるにもかかわらず走ったり飛んだり、さまざまな運動をみせる。よってここでは、私の専門であるロシア（ソ連）建築史の話も交えながら、ハウルの城そのものについて少し考えてみたい。

鶏の脚の上の家

ハウルの城は、ソフィーやハウルといった登場人物に負けず劣らず、魅力的かつ謎めいた存在だ。四本の脚をもつ城は、火の悪魔カルシファーの魔力を動力とし、自走することができる。ダイアナ・ウィン・ジョーンズの原作では、城の外観についての描写は意外に少ない。アニメーションではむしろそれを逆手にとって、蒸気機関で駆動する巨大な機械のようでもあり、しかし同時に鶏のような脚やアンコウのような巨大な顎が一種の生物を思わせもする、独特の造形を与えられている。『天空の城ラピュタ』のフラップターをはじめ、このような機械と生物の形態の接近は、宮崎作品の特色といえよう。

ちなみに「鶏の脚の上の家」は、ヨーロッパの民話に共通してみられる典型的な魔女の家である。たとえばロシアの場合、民話の中の魔法を使う老婆バーバ・ヤガーは、鶏の脚の生えた家に住んでいる。本来大地に根付いているはずの家が、脚をもって動き回る――それはまさしく、あるべき秩序が逆さまにされた魔女や悪魔の非日常の世界を表している。また、建築史に引きつけた話をするならば、一九二〇年代にフランスの近代建築の巨匠ル・コルビュジエの建築作品がロシアに紹介されたとき、それらはしばしば「鶏の脚の上の家」と揶揄された。というのも、ル・コルビュジエや彼のロシアの追随者たちは、建物の一階部分を直接地面の上に建てるのではなく、地面から持ち上げてピロティを作ったのだが［図1・2］、これが当時のロシアの近代建築に対する反感も相まって、伝承の中の魔女の家と結びつけられてしまったのである。

ハウルの城をめぐる「場所」の問題も面白い。城本体は通常街の外をさまよっているのだが、その玄関扉はそれぞれの街の中心に通じている。城は街の外部にありながら、同時に内部にも存在しているのだ。そして誰もが気付くように、城はハウル自身の反映でもある。ハウルもまた、若い娘の心臓を奪う悪の魔法使いとして恐れられ、共同体の外部へと排除されている一方で、しかし同時に国王や宮廷魔術師サリマンら国家の中枢に通じてもいるのである。

要塞のような物々しい外観に対して、城の内部はといえば、意外に狭く汚れ放題の典型的な男所帯として描かれる。主人公ソフィーはこの汚れた部屋をきちんと整頓して秩序をもたらし、カルシファー、つまり古くから家の中心であるとされてきた台所の火＝竈《かまど》を支配することによって、いわばハウルの城を乗っ取ってしまう。さらにハウルの住まいであった空間が、「引越し」によってソフィーの生家である帽子屋と混ざり合うさまからは、将来の二人の結ばれる運命を予見することができよう。

図1　ル・コルビュジエ設計によるツェントロ・ソユーズ（1928年）
モスクワの中心部に建設されたオフィスビル。右左の棟は地階が通り抜け可能なピロティになっている。
出典：Современная архитектура.1929. №.4.

図2　モイセイ・ギンズブルグ、イグナチー・ミリニス設計による人民財務委員部職員用アパートメント設計案（1928年）
ル・コルビュジエのデザインにならって、1階部分はピロティとなっている。
出典：Современная архитектура. 1929. №.5.

ロシア建築が夢見た「重力からの解放」

だがその新しい城も、終盤でハウルとカルシファーがそれぞれダメージを受けたことにより、バラバラに解体してしまう。最終的にそれは一枚の板と一組の脚にまで還元される。宮崎作品では、ナウシカを筆頭に、物語の終盤で主人公はしばしば疑似的な死を経験するが、同様にハウルも城もここでいったん「死」を経ることになるのだ。けれどもソフィーが心(臓)をとり戻したことによって間もなくハウルは蘇生し、カルシファーも今度は彼自身の意思によって皆の元に戻り、物語は大団円を迎える。ここで注目したいのが、城のさらなる変化である。ハウルとカルシファーそれぞれが呪縛から自由になったのち、城は自らの脚で歩くことを止め、その巨体には不釣り合いな小さな羽でもって飛びはじめる。二人が呪いから解放されたことによって、城自身も大地への拘束を解かれたかのように宙へと浮上するのである。

浮遊ないし飛行する建築の実現は、二十世紀の初頭には、決して荒唐無稽な夢ではなかった。ロシアでも、航空機が一般の人びとの目にも触れるようになった一九二〇年代には、(素人ではなく)建築家によってずばり空を飛ぶ都市や飛行する住宅が構想されている。たとえばゲオルギー・クルチコフによる《飛行都市》構想[図3]は、その一例だ。鉄の塊が空を飛びはじめた当時、実現可能性と不可能性のあわいは、今よりももっと曖昧だったに違いない。なによりロシアには、重力の克服に関するもっと根深い文脈が存在していた。

十九世紀のロシアに、ニコライ・フョードロフという奇妙な思想家がいた。本職はロシア初の公共図書館の司書。大学教授や文筆家のようないわゆる知識人ではなかったが、彼の元には作家のドストエフスキーやトルストイ、哲学者のソロヴィヨフ、ロケット工学の父ツィオルコフスキーなど、多彩な人物が集まり、その言葉に耳を傾けた。そして

図3　ゲオルギー・クルチコフによる《飛行都市》構想（1928年）
飛行するアパートメント。コア部分に付属したカプセル型のポッドが個人用の寝室になっている。
出典：*Хан-МагомедовС.О.* Георгий Крутиков. М., «Русский авангард», 2008.

フョードロフが唱えたのが、人間を大地へ、死へと縛り付ける、重力の克服だった。彼によれば、われわれ人間は生きている間こそ重力に逆らって立つことができるが、死んでしまえばその身体は重力の完全なる支配下に置かれる。それゆえフョードロフにとっての重力の克服とは、とりもなおさず人間の死からの解放を意味した。そこで彼によって重力＝死の克服の象徴とみなされたのが、まさしく重力に逆らって空へと伸びる建築だったのである。

フョードロフのこのような半ば宗教的、半ば疑似科学的な思想は、一九一七年の十月革命以降、ロシアでは表向き否定され、弾圧の対象となった。しかし彼の重力ないし大地の否定は、先述のクルチコフのようなアヴァンギャルド建築たちによって「革命的に」読み替えられていった。たとえばクルチコフの同級生でもある

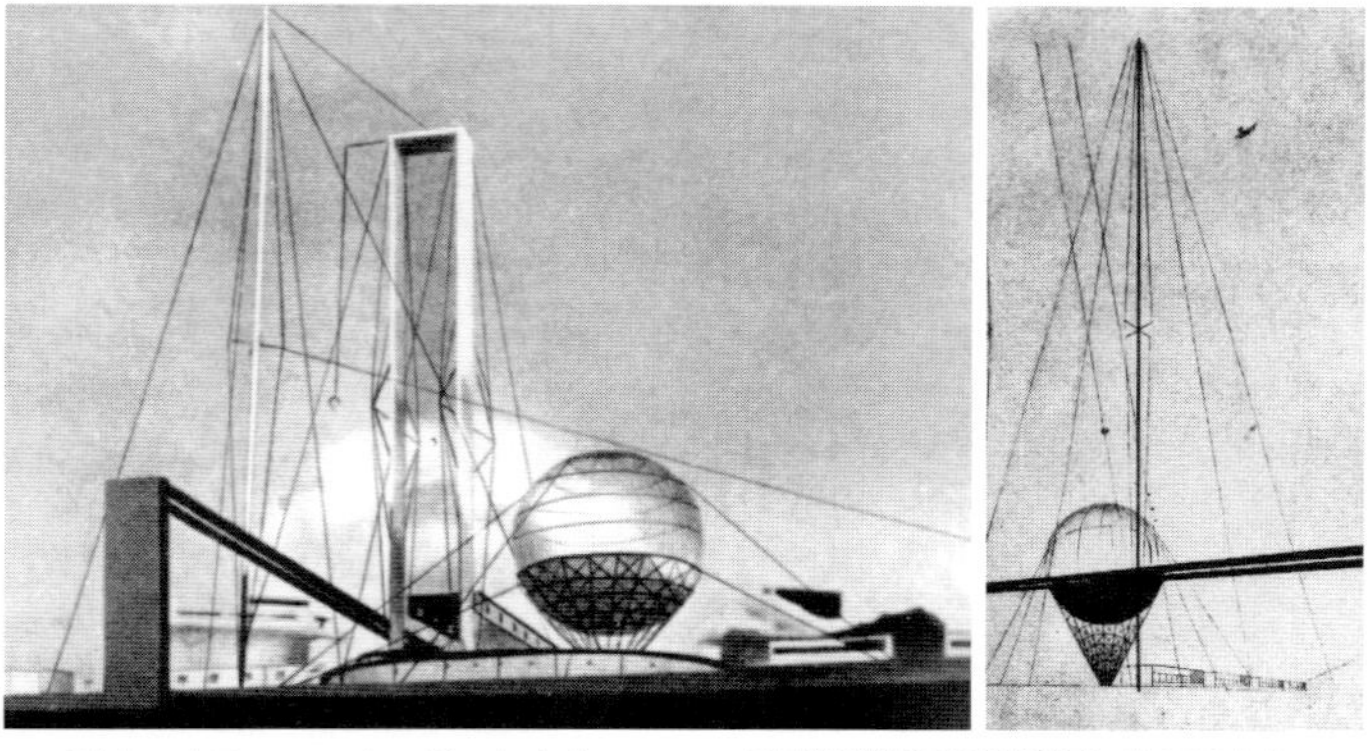

図4　イワン・レオニドフによるレーニン図書館学研究所設計案（1927年）
全自動化された図書館（高層部分）と球形のホールから構成されている。
出典：Современная архитектура. 1927. №. 4-5.

イワン・レオニドフは、大地、ひいてはそれが有する引力を、帝政時代の階級社会や、革命後も人びとを拘束し続ける旧習、時代遅れの世界観に結びつける。そこで彼が大地からの解放を表すために用いたのが、地面から浮き上がった球形の構造だった。レオニドフの名を一躍世界に知らしめたレーニン図書館学研究所設計案［図4］で、彼は今まさに係留を解かれて空へと舞い上がろうとしている気球のような、ガラスの球体のホールを描いた。レオニドフにとって球体建築とは、大地とそれに根差した既存のあらゆる価値体系を否定し逆転する、建築の「革命」だったのである。このようなクルチコフやレオニドフの建築構想もまた、一九三〇年代には「退行的な夢想」として批判を受け、跡形もなく消え去っていった（ちなみにクルチコフは、皮肉にもというべきか、後に空中ではなく地中の建築、モスクワの地下鉄駅の設計を手掛けている）。だが一方で、フョードロフ的な無重力状態への憧れは、その後もさまざまな芸術作品からソ連の宇宙開発のロマンチシズムにまで、その痕跡を認めることができる。

『ラピュタ』からの離脱？

ところでフョードロフの理想とする重力＝死の克服は、明らかな背反を含んでいた。すなわち彼が目指すところの、身体やそれが伴う老衰、死という一切の変化を拒んで永続化された無重力状態の生は、本来その反対物であるはずの、あらゆる変化の彼岸にある死に似通っていくのである。ここで思い出したいのが、宮崎作品における雲の上の世界の描写だ。そこはしばしば死者の領域として描かれる。たとえば『天空の城ラピュタ』では、廃墟となった城は、かつての住人たちの墓を抱いたまま空のかなたに消える。『紅の豚』や『風立ちぬ』では、空で死んだパイロットたちは雲海の上を漂い続ける。そこにあるのは地上の国家の利害を超越した絶対的な平安、永遠の飛行のかたちをとった死だ。だからこそ、パズーやシータにしろ、ポルコ・ロッソにしろ、天空の王国に到達することはあれども、そこに永住することはない。彼らは皆、生者として再び雲の下の世界へと戻っていくのである。

その点でとても興味深い位置にあるのが、ハウルの城だ。エンディングの場面からは、城がもはや単なるハウルの隠れ家ではなく、ソフィーとハウル、荒地の魔女、マルクルらからなる疑似家族のための「家」として機能しはじめていることが窺われる。『ラピュタ』のシータとパズーは、大地を離れて生きることを否定し、多くの冒険物語の登場人物たちのように故郷、つまり大地への帰還を果たして冒険を終える。それに対して『ハウル』の登場人物たちは、正反対の選択をするのだ。空へと浮上した城は、レオニドフの球体建築同様、大地に根を下ろした普通の家になること、ひいては既存の共同体の一部になることを明確に拒んでいる。地上の国家に対するアウトサイダーであることを選んだドーラ一家やマンマユート団のように、ハウルの城もまた地上と天上の間で常に均衡をとりながら飛行し続けるのだろうか。それとも、雲の上のさらなる高みを目指すのだろうか。エンディングの映像からだけではいかんとも判断しがたいが、ただ思い出しておきたいのは、もともとカルシファーは星の精であったということだ。彼はまさに雲の上の世界からやって来たのであり、もしかするとハウルの城にもまた、この世の彼岸に到達する力が備わっているのかもしれない。そしてもしそうだとするならば、それは『ラピュタ』におけるような大地＝故郷への帰還によって幕を下ろす冒険物語の枠組みの外へ、この物語が離脱しようとしていることを示しているのである。

ほんだ・あきこ●一九七九年生まれ。東京大学大学院総合文化研究科博士課程修了（超域文化科学専攻表象文化論分野）。課程博士（学術）。日本学術振興会特別研究員、北海道大学スラブ・ユーラシア研究センター共同研究員を経て現在早稲田大学高等研究所助教。二〇一四年『天体建築論――レオニドフとソ連邦の紙上建築時代』（東京大学出版会）でサントリー学芸賞受賞。

音から読み解く「ハウル」の世界

西村醇子
（『魔法使いハウルと火の悪魔』翻訳者）

アニメーション映画『ハウルの動く城』は、イギリスのダイアナ・ウィン・ジョーンズ作の『魔法使いハウルと火の悪魔』（Howl's Moving Castle, 1986）を原作として制作された。翻訳は「空中の城」シリーズの一冊として出版されたが、その後映画のタイトル『ハウルの動く城』に合わせて、現在のシリーズ名「ハウルの動く城」に変わった。「ハウル」という未知の人物名や、「動く城」というイメージは牽引力が弱いだろうという当初の予測が、宮崎駿監督によって覆されたことになる。以下ではおもに原作を中心とし、映画との比較をまじえながら、ハウルの世界を「音」から読み解いていきたい。

音量のレベル

原作の舞台は、英国を土台とした年代不詳のインガリー国である。昔話の小道具や魔法が存在しているということに加え、主人公は旅立ちや試練、帰還といった、昔話によく見られる構造をなぞって行動しているように思える。だが、それらは作者が仕掛けた罠である。物語が始まってすぐに若い女性ソフィーが老婆にされてしかたなく旅に出るという展開には意表を突かれる。しかも旅自体は、魔法使いハウルの城にぶつかり、ソフィーが掃除婦として住みこむことですぐに終わる。城では扉が異世界への通路になっているものの、複数の異なる場所や次元に通じている。どれも伝統的な物語の約束事から逸脱するもので、それがジョーンズの作風でもある。物語は三人称をとりながら、終始ソフィーの視点で描かれているため、読者もそれに引きずられるように読み進むだろう。だがここにもソフィーが「信頼できない語り手」だという罠が潜んでいる。

さて原作と映画の違いを、音にまつわる設定でみておこう。原作ではソフィーの自分探しが大きなテーマとなっている。「がやがや町」の帽子屋の長女ソフィーは、退屈で活気のない日常を送っていた。ハレの日である五月祭の当日に外出してみて、いつのまにか自分が委縮していたことや自信を失っていたことを自覚する。後になってみればこのときソフィーを脅かした一因に、相手の正体を知らずにさっそうとしたハウルに出会ったことも関係していたとわかる（ロマンスも物語のテーマである）。このとき、打ち上げ花火や動く城から出た火の玉の破裂音といった、比較的大きな音によってソフィーが衝撃を受けていたことは間違いない。荒地の魔女が帽子店に現れる二章の場面では、店の外で車輪の音や馬のひづめの音がし、来訪者を知らせる。全体としてこれらのエピソードは、ソフィーが日常的に静かな世界で暮らしていることを示している。

いっぽう映画の冒頭はとても印象的だ。深い霧のなかから軋《きし》むようなキリキリ、グシュグシュ、ガタン音やドスンドスンという音を先触れとして、奇怪な動く城が少しずつ姿を現していた。つぎは帽子店で、五月祭の当日となる。この日店から外出したソフィーが経験するのは、お祭り騒ぎの喧騒と、どこからか音もなく現れる不吉なゴム人間、そしてハウルとの出会いである。ゴム人間は魔法のものなので音をたてないかもしれないが、ソフィーたちを取りまく世界の騒々しさは、音をかき消す働きをもっている。というのも、この世界は蒸気機関を利用した路面蒸気車をはじめ、装甲列車、空を飛ぶカヤックと、産業革命後の近代的な乗り物であふれていて、背景音は押しなべて大きい。

なおポートヘイヴンはイギリスの港町をモデルにしている。必要最低限の描写しかされていない原作では、ソフィーがこの港町を見たとき、当然聞いたはずのカモメの鳴き声の感想などは一切出てこない。それにたいし映画では、ソフィーが港町に買い物をしに行く場面の背景でカモメの鳴き声がしている。四方を海に囲まれた島国イギリスでは、現在でも多くの町で朝夕にカモメの声が聞こえる。風景に溶けこんでいる自然の環境音であり、映画でカモメの鳴き声が挿入されていることで臨場感が高められている。

再び原作。ハウルの城で泊まった最初の夜、ソフィーは暖炉にいる火の悪魔カルシファーの声を聴きつける。しわがれていてまきの燃える音やシュウシュウいう音がまじっているカルシファーの声が聞こえたのも、夜が静かだったからだろう。つまり原作では、映画に描かれているような近代的な機械音やうるさい生活音が入りこむ以前の時代が想定されており、音のレベルもそれに見合っている。そのなかで静けさをかき乱すのが、魔法使いハウルである。

ハウルは魔法使いとしては若い。だから原作では力があることを、時には演出までおこなって人々に印象づけようとしている。そこでハウルのだす「音」に注目してみよう。

魔法使いハウルと「音」

原作の六章にハウルが髪の毛の色のせいで、ヒステリーを起こすエピソードがある。ハウルは、絶望的な吠え声を苦痛と恐怖のまじったかん高い悲鳴へエスカレートさせたので、ソフィーは城からポートヘイヴンへ逃げだす。動く城は、ハウルとカルシファーがそう見せかけているに過ぎず、その本体（ハウルの家）はポートヘイヴンにあった。そのため、この地でも耳が痛いほどの大きさで叫び声が聞こえる。ソフィーは音から逃れようとする人びとにまじり、港や砂浜に向かうが、それは「灰色に広がる海が騒音を多少吸いとる」と思えたからだ。

映画ではハウルは髪の毛の色が変わったとき、やはり悲鳴をあげ、美しくなくなったと絶望する。そして闇の精霊を呼び出したり、ねばねばした緑色の物質を出してソフィーを驚かせたり困らせたりするが、「音量」自体がそれほど問題になることはない。

つぎに戦いについて。原作ではインガリー国王が、宣戦布告されそうな情勢だと述べているが、実際の戦闘の描写はない。めぼしい戦いといえば、一六章のハウルと荒地の魔女のそれである。戦いの最初は「爆発音と轟音」が響いたが、それ以上大きな音はしない。城からポートヘイヴンに出たソフィーが目撃するのは、ハウルと魔女が魔法による目くらまし合戦をしているところだった。巨大な猫の喧嘩中の声がした後、二匹の怪物の姿（ハウルと魔女）は見えなくなる。つぎに遠くで爆発した火の玉の音が時間差で聞こえ、見物人と距離があったとわかる。その後、湿原は静けさを取りもどす。

ハウルは魔法を使うとき、いつも身振りとともに雷鳴や何らかの爆発を起こしている。火の玉をつくるのが得意な火の悪魔の力も借りているので、爆発は当然ともいえよう。そもそも自然災害で起こる爆発をのぞくと、火薬を使った武器が引き起こす爆発は、近代の技術が生み出したものだ。ハウルは現代ウェールズからインガリーに来た人物。現代人として生活音をふくめた騒音すべてに慣れていたうえ、大げさな演出を好む性格なので、自分が大きな音を出すことにも抵抗がないのだろう。言い換えれば、原作ではハウルは音の力を借りて、自分の力のほどを示していると考えられる。

原作では近い将来の予定にとどまっていた戦争だが、映画では戦争はすでに始まっている。攻撃を受け満身創痍となった戦艦の旗艦がポートヘイヴンに戻る場面もある。また、夜空を飛行する奇怪な艦隊や、空中で爆発し町を火の海にする爆弾などを、鳥に変身したハウルがかすめて飛ぶ場面も登場し、すさまじく大きな音が空気をゆるがすことになる。もっともこのときハウルが戦った相手の正体は、やや判然としない（王室付き魔法使いサリマンがハウルにも戦争協力を求めていろいろ仕掛けてくるらしいが）。はっきりしているのは、映画では戦争が大きなテーマであり、騒音や爆発炎上にとどまらず人びとの生活を破壊するものとして、大音量を用い、否定的に描かれていることだ。

ソフィーと「音」

音という観点からは、ソフィーがポートヘイヴンへ出向いたエピソードは見逃せない。すでに、原作では海や沼沢地には音を和らげる緩衝材としての働きがあり、それが利用されていたことに触れた。ここで言及したいのは、沼や海がソフィーの受けた衝撃をも和らげていたことだ。どちらの場合もソフィーはハウルを見ているだけ。見方を変えれば、カルシファーのたびたびの要請にもかかわらず、ソフィーは現実とまともに向き合おうとしないで、（心理的にも）距離を置きつづけていたのだ。

対照的に映画では、ソフィーは星の湖をとおしてハウルの過去を垣間見て、彼の秘密を簡単に見つけるし、それをもとにハウルを助けようと、前向きに問題に対処しようとする。ソフィーの感情の変化は、身体――姿勢や髪型など――で表現され、視覚的な描写が効果的におこなわれている。

では原作では、ソフィーの変化はどう描かれたか。最後にそれに触れておきたい。

ここで大きく意味をもつのが、ハウルの部屋の窓から見えていたのが、外にあるはずの城の裏庭ではなく、ウェールズにあるハウルの姉のミーガン一家の庭だったことである。城の「窓」の視界は限られているばかりか、実際の音を伝えない。すでに述べたように、ハウルと魔女の魔法合戦のときにソフィーがポートヘイヴンへ行ったのも、音が聞こえないもどかしさからだった。クライマックス近くではソフィーのもどかしさはいっそう顕著となる。カルシファーから、魔女に姉の家を発見されたと警告されたハウルは、即座に姉一家のもとへ飛びだしていく。残されたソフィーは、彼の寝室の窓からウェールズの庭での一部始終を見守る。すると、魔女はハウルの姪のマリをつかまえようとして手招きしている。マリは明らかにいやがっているが、逆らう力をもたない。ミーガンは口をあけて何かを抗議しているらしいが、その声も窓から聞こえてはこない。展開中の事件なのに、ソフィーは見ていることしかできない。このとき、自分が口実をもうけては手をこまねいてきたことに、心底嫌気がさしたのではないだろうか。

物語はこの直後から、すべての伏線が発動し、急展開で進む。いわば音のない映像を見たことがソフィーを奮い立せたのである。ようやく自分の判断で行動を起こしたソフィーは、最終的にはものに話しかけて命を吹きこむ自分の魔法の力を使い、ハウルとカルシファーの契約を破って彼らを助けている。このように見ると、ハウルとソフィーは「音」でも、魔法の使い方でも対照的だったので、ふたりがペアを組んだ結果として、バランスのとれた未来がふたりを待ち受けていると考えてもよいだろう。これに対し、映画ではハウルが心臓、つまり心を失っていたことに重点があり、彼の心の闇を怪鳥に変身することで象徴的に表現していた。だから、二人のハッピーエンドは、「心」を取り戻すこと抜きには成立しなかったのである。

ダイアナ・ウィン・ジョーンズは一九三四年に三人姉妹の長女として生まれた。オックスフォード大学セント・アンズ校で英文学を学び、中世文学が専門のジョン・バローと結婚。一九七〇年に大人向け作品でデビューし、独創的な児童文学作品を多数発表して幅広い読者の支持を受けていたが、二〇一一年に病気のために死去した。英国を代表するＳＦとファンタジーの作家であり、ジョーンズだけをテーマとして国際会議が二〇〇七年と二〇一四年に開催されたことも、彼女にたいする評価の高さを物語っている。

［参考文献］
R・マリー・シェーファー『世界の調律 サウンドスケープとはなにか』平凡社一九八六
スタジオジブリ責任編集『The Art of Howl's Moving Castle』徳間書店二〇〇四

にしむら・じゅんこ●英米文学翻訳家。青山学院大学文学研究科博士後期課程満期退学。白百合女子大学ほか非常勤講師。訳書に『魔法使いハウルと火の悪魔』『アブダラと空飛ぶ絨毯』（共にダイアナ・ウィン・ジョーンズ著　徳間文庫）、『アンドルー・ラング世界童話集』（監修　全十二巻　東京創元社）など。著書に『子どもの世紀』（共著　ミネルヴァ書房）など。

プレイボーイには心臓がない

雨宮まみ
（ライター）

宮崎駿作品は、どんな作品であってもほぼ大好きだが、よりによって、これについて書く依頼が来るとは！　というのが最初の感想だった。よりによって、『ハウルの動く城』。木村拓哉がハウルの声をやると知り、城の造形にうっとりし、公開を楽しみに即観に行ったのに、感想は「これまでの中で、いちばんわけがわからない」だった、『ハウルの動く城』……。

わからないと感じた点はいくつかある。まずハウルが戦争に直接的な形で関わっているところ。あれが物語の中でいったい何の役割を果たしているのかがわからない。ハウルの性格、キャラクターに対する影響はあると思うが、そういう意味づけ程度のことにしては戦争の場面は強すぎるし、何かメッセージがあるはずなのにそれがなんだかはっきり見えてこなかった。ちなみに原作にはハウルが扉のダイアルを黒に合わせて戦火の中へと飛んでゆく場面はない。
ソフィーが老婆に姿を変えられる意味も、この作品の中ではよくわからなくなっている（原作でははっきりと理由があり、のちに明かされる）。ただ、引っ込み思案で言いたいこともろくに言わず、ひたすら我慢をして地味な暮らしをしているソフィーが、老婆になったことによりずけずけものを言う、あけすけで行動力のある女になってゆく過程にはとても強い意味がある。

普通は、「老いる」ということが、女にとってはひとつの大きな呪いになり得る。「老いる」ことを脅しのように使い、女を「もっと若く、いつまでも綺麗に」と急き立てるもののどんなに多いことか。日常的に発せられるそれらのメッセージは、若くなければ女には価値がないのだと、老婆になればつまらない毎日しか待ってないのだと、恋愛なんてとんでもないし、男なんて誰も振り向いてくれなくなるに決まっているんだという裏のメッセージを隠し持っている。

「老いたらおしまいだ」という呪いが、女を縛り付けている。それが現状なのに、この作品の中ではそれが逆手に取られている。男の目なんか気にしない老婆になれば、女はどれだけ自由に力を発揮できるか。どれだけ自由にものが言えるか。どれだけ好きに振る舞えるか。若いのに、若いからこそ「自分は男から注目されるような娘ではない」「自分は美しくもなければ、とりたててなんの能力もない」「このまま帽子屋で仕事をして年老いていくだけだ」という劣等感の呪縛に取りつかれていたソフィーは、老いて若さを失ったことで、ようやく開き直って自分の意志で行動できる女になるのである。「老婆になっちゃうなんてソフィーかわいそう」なんじゃなく、老婆にならないとソフィーは自分で自分にかけてしまった呪い（もちろん、それは魔法なんかではない）を解くことはできなかった。荒地の魔女は、呪いをかけたつもりで、実はソフィーにかかっていた呪いをひとつ、偶然にも解いてしまったのだと言える。

老いた女の人生は、自由で楽しそうだと思うことが、私にも日常的にある。四個パックのヨーグルトをスーパーの前でパカッと半分に割って友達に渡すおばちゃんと、「え、いいの？」と言いながら受け取るおばちゃん。きっとスーパーの中で「買おうかしら？でも四個は多いのよね〜」的な会話をしていたに違いない。劇場で隣合っただけで普通に話しかけてきてくれるおばちゃんもいる。デパートの接客でも、おばちゃんの接客は面白い。わかりきった決まり文句のお世辞ではない接客をしてくれる。「そちらのお色のほうがお顔映りがよろしいですよ！」と親指を立てたりしてくれる。

あの正直さが、まぶしい。あの率直な優しさが、まぶしい。そして、そういうまぶしさに触れるたびに、そこそこ若い女というのは、いかに普段気取っていて、見えない何かに縛り付けられるようにして、行動を制限されているか、思い知らされるような気持ちになるのである。

ソフィーは、呪いで老婆の姿に変えられても、眠っている間は若い姿のままである、というのも象徴的だ。つまり、ソフィーは「老婆になる呪いをかけられた」というよりは、最初から自分で自分をまるで老婆のような生活に縛り付けていて、その心のままの姿になっただけ、とも受け取ることができるのである。だから、本人の意識のないところでは、ソフィーはありのままの年齢のソフィーに見えるのだ。老婆になっていたのはソフィーの心そのもので、それが呪いによって他人にも自分にも見える形になったに過ぎないのかもしれない。それが解けるのが、恋心に正直になったとき、というのも、かなりストレートな展開だと思う。

話を戻して、もうひとつの「わからない点」について触れてみたい。それは、ハウルがソフィーに最終的に恋をする、という点である。これは、原作を読めばわかるのだろうかと思ったが、原作を読んでもやはり理解できなかった点で、この物語の中で起きるどんなことよりもファンタジーだとしか思えなかった点でもある。ここがわからないから、この物語に私は感情移入ができないし、見終えてもすっきりした気持ちになれない。カルシファーもマルクルもカブ（カカシ）もみんな幸せになってよかったね、と思いはするけれど、いつ、どの時点でハウルはソフィーに恋をしたのか、納得がいかない。

「ハウルに心臓を戻す」という行為によって、ハウルが人を真に愛することができるようになる、という意味なのかもしれない、と思いはするけれど、その相手がソフィーだというのは、現実を知りすぎた身にはあまりにも都合が良すぎる。確かにソフィーは女たらしで魅力的なハウルの裏面とも言うべき、情けなくてだらしなくいいかげんな普段の生活を知っている唯一の女であり、そんな面を知りつつもハウルに心を寄せている女でもある。ハウルを理解している女、と言い換えてもいい。

しかし、ハウルがそうしたソフィーの一面に心を動かされているふうは特にないように感じられるのだ。ロマンチックな場面もあるし、ソフィーを特別扱いしているのもわかるのだが、恋というよりは、結婚して生活を共にする相手として適当な女がソフィーであった、というようにしか見えない。女として、というよりも、家族としてソフィーはハウルが選ぶ相手としてふさわしかった、というように見えてしまうのだ。特にマルクルやカルシファーといった、ハウルの同居人と「うまくやっていける」人物としての役割が非常に大きいように見える。

ハウルがソフィーを好きになるのはファンタジーだと書いたが、ハウルがソフィーを家族として選ぶことには、非常に強いリアリティがある。たいてい、女に惚れっぽい、女たらしの男が結婚相手を選ぶときって、そうなのだ。自分の家族とうまくやっていけて、自分や家族の面倒をきちんと見てくれる、実務のできる女を選ぶ。すっごく意地悪な見方をすれば、ハウルがソフィーを選んだ理由はそこなのだと思う。「そろそろ俺も落ち着こうかな〜」というハウルの声がキムタクボイスで聞こえてきそうだ。

もっと若い頃に観ていれば、ソフィーの献身がハウルに伝わり、それが実ったと思えたのかもしれない。けれど、恋に献身は通用しないことを、私はよく知っているし、知りすぎてしまったのかもしれない。愛を深めてゆくのに献身は効果があるが、こっちを向いていない相手に対し、どれだけ献身的になろうと、ときに命すら捧げようと、無駄である。相手は何も感じないし、もし自分が尽くされる側であっても、心は動かない。

ソフィーがハウルの城の中で、母親的な役割を担っていたことが、ハウルがソフィーを選んだ最も手頃な理由なのだろう。私は個人的に母性というものを信用しておらず、ジブリヒロインの母性的な部分については、理解はできるし、作品を観ている最中は素晴らしいものだと思えるのだが、自分自身に母性的な包容力が欠如していて、おそらく子供を産んだとしてもそんなものはどこからも芽生えてこないという自信があるので、母性そのものがファンタジーであると仮定して観ている。母性的な部分がある女だからソフィーが選ばれた、という説がもっともしっくり来るが、結論としてはそれが正解だとしても、その説で自分自身を説き伏せることができない。

恋だとか愛だとかいうものに、母性だの実務能力だのそんなものを持ち込まないでほしい、と思ってしまうのである。恋愛は、純然たる欲望であってほしい。この人がほしい、この人とつながりたい、理由もなくただ好きだという、そういうものであってほしいのだ。

しかし、そう思う私の考えこそ、現実からかけ離れたファンタジーなのではないかと最近は思っている。誰でも、ほとんど無意識のうちに自分にとって都合の良い相手や、メリットのある相手を求めているし、そうした相手を求める気持ちを恋愛だと錯覚しているだけなのではないか、と。利害まで考慮して、計算ずくで相手を欲する気持ちを、恋とか愛とか呼んでいるだけで、実際は、本当に何の計算もない純然たる「恋愛」なんていうものは、存在しないのではないだろうか。

そう考えると、『ハウルの動く城』という作品は、魔法というファンタジーが登場する世界でありながら、そこで描かれているものは、ファンタジーというフィルターを通して、より戯画的にわかりやすく現実を描いたものである、ということになる。おそらくすべてのファンタジーがそのような役割を担っているが、それと同じように、この作品もまたそうなのだろう。だからこそ、ハウルが戦争に行く場面が付け加えられ、原作から大きく改変されていて、そこに新たなメッセージが込められているのだと思う。

わからないまま観ていたときは、冒頭のソフィーがハウルに手を取られ、空中散歩をするシーンで最高にときめいたし、ソフィーがハウルに恋をすることは十分に理解できた。キムタクのハウルも最高としか言いようがなくて、悪い男なんだけどそこがいいというか、ナルシストなプレイボーイの魅力炸裂だった。それがソフィーに落ち着く、というのは、もしかしたら私にとって「わからない」点ではなく、現実すぎてつまらないと感じた点だったのかもしれない。

あんなに素敵なハウルが、現実的な選択として女を選ぶということが、私には残酷な現実すぎるのである。とんでもない美女や、とてつもなく魅力的な女にかまけて、惚れては追いかけまわしてくれていたほうがまだマシで、それならいくらでも諦めがつく。なのに、最終的に選ぶのは恋とかそういうもんじゃなくて家族としてふさわしい女だとは……。そりゃあベーコンエッグぐらい私でも作れるし、掃除もできるけれど、あんなにカルシファーと対等にやりあったり、マルクルに普通に接したりできるだろうか……。どこかで「良く思われたい」「気に入られたい」「いい女だと思われたい」という欲が邪魔をして、あんなに自然には振る舞えない気がする。

そう考えると、ソフィーが老婆の姿になって手に入れたのは、そうした女が縛られがちなつまらない欲やプライドを捨てた、真の「自然体」の女の姿だったのかもしれない、と今は思えるのだ。


あまみや・まみ◉一九七六年福岡県生まれ。二〇一一年に刊行した『女子をこじらせて』が大きな話題となり、「こじらせ女子」は流行語大賞に二年連続でノミネートされた。著書に、『ずっと独身でいるつもり？』『女の子よ銃を取れ』『タカラヅカ・ハンドブック』（はるな檸檬との共著）『東京を生きる』『自信のない部屋へようこそ』『まじめに生きるって損ですか？』など。

『ハウルの動く城』の魔法とはなにか

佐藤忠男
（映画評論家）

魔法をきっかけに自分を解き放つ少女

魔法使いがたくさんいて、普通の市民たちの日常生活の間を闊歩《かっぽ》している不思議な社会の話である。魔法使いが日常化している世界と言ってもいいかもしれない。そんな社会は子どもの空想の中にしかないのか。宮崎駿の一連の作品を見ていると、どうやらそうでもないらしいという気になってくる。俺は粋で命知らずの豚様だと思いさえすれば誰でもそう変身できそうだし、私は箒《ほうき》で空を飛んで宅急便屋さんをやることができると思いさえすればまた誰でもそうなれる。それがアニメーションならではの想像の世界である。ただしこんどの『ハウルの動く城』ではそれがもう少し複雑で次元も込み入っている。

この映画のヒロインのソフィーは十八歳で帽子屋で帽子を作っている少女だが、自分は美人でもないし、特別な才気もないから、そういう地味な仕事をごくごく地道にやって一生を過ごすのだと思い込んでいるらしい。美人の妹や派手すぎの母親に対抗して一家の柱にならなければならない自分の人生を意味づけようとすれば、そう胆《はら》を決める以外にはないのかもしれない。彼女は荒地の魔女というヘンなお婆さんから理不尽な嫉妬で呪いをかけられて突然九十歳のお婆さんに変身する。魔女の魔法のせいなのだが、あるいは彼女自身が思い込んでいたことがひょいと実現したということなのかもしれない。青春もロマンスも波乱の人生も頭の中から排除していたのですっとんでしまったのだ。こわいこわい。九十歳のお婆さんになってみると彼女は持ち前の堅実さとしっかり者ぶり、そして誰に対してもやさしい人の好さをいかんなく発揮して大活躍することになる。しかし彼女は本当は十八歳の可憐なかわいい少女なんだし、ハウルという若くてダンディな魔法使いからやさしくされれば胸がときめいてしまう。そのほうが本当のソフィーなのだ。だからこの物語は単純化して言えば、過度に平凡な存在だと思い込もうとしている自分と意外にそうではないロマンチックな自分との、想像の世界での格闘確執の物語だということになるかもしれない。過度の思い込みが具体的な姿になってしまった九十歳の自分を、乙女の自分が熱いハートと夢みる力で十八歳の可能性あふれる現実に取りもどすわけだ。

空想的であると同時に現実的な世界

では、さてその現実はというと、これもまた、なにかの思い込みが具体的なイメージに結晶してしまったみたいな不思議な世界なのである。十九世紀のヨーロッパのどこからしい、とってもチャーミングな街。こんな素敵な街は長年ヨーロッパの文化に憧れてきた日本人の頭の中にしかあり得ないんじゃないかと思うような、陽気で美しい街であり、その近辺の魅力的な野山である。しかしそこは同時にまるで中世のように魔法使いが跋扈《ばっこ》しているような野蛮な状況でもあるのだ。ヨットのように優雅な飛行機がタクシーのように軽やかに路上の空を飛びかっているかと思うと、ある日まるで気まぐれのように大戦争が勃発して、巨大な鋼鉄のゲジゲジみたいな爆撃機が飛んできて一夜にしてチャーミングな街を廃墟にしてしまう。そこで見ているわれわれもハッと自分の現実にもどる。なんだこれは、アニメの中の空想ではなくて、いまの世界そのものじゃないか。この街はバグダッドと言うんじゃなかったかしらん、と。

そう、これはあまりにも空想的であると同時にまたあまりにも現実的な世界でもあるのだ。夢なのか現実なのか。ソフィーが自分を地味目に思い込みすぎるとたちまち九十歳のお婆さんになってしまうように、なにかを思い込むとそれが魔法を誘って現実そのものを変えてしまう。そういうことって本当にあるのかもしれない。そう思うと謎が解ける。まるで気まぐれのように戦争が起こるってことに、いまわれわれは馴れっこで、それが当たり前のような気分にさえもなっている。それがわれわれの現実だが、じつはそれって、われわれがみんなでなにか理不尽な魔法の呪いにかけられていて、現実とはそういうものだと思い込んでいるということではないのか。ソフィーが荒地の魔女の呪いを解かなければならないと決意しているように、われわれも戦争の日常化というこの呪われた世界をおおっている魔法を解かなければならないと私は思い知らされた。

そう思いついたとき、荒地の魔女というのが、恐ろしい万能の悪魔的存在というにはあまりに老いて、もう半ば老人性痴呆症の段階にあるという描き方になっているあたりが、とてもいい考えるヒントを与えてくれる。アメリカのブッシュ大統領などは、世界のどこかにまだ本当に憎たらしい悪魔がいるからそいつをやっつけちまえばいいと考えているようであるが、実際には悪魔たちももう痴呆症的段階にあって、自分が誰彼に片っ端からかけた呪いも忘れ、その呪いの解き方も忘れて、ふらふら街をさまよっているのかもしれない。しっかり者で堅実で愛に富んだソフィーは、自分にかけられた呪いを解いてもらわなきゃあという必要もあるからかもしれないが、いまやそんなどうしようもない厄介者となっている荒地の魔女を、やっつけちまうのではなくてむしろ助けてやる。私はそこにいちばん感動した。じっさいそうなんだ。どこかに例えばオサマ・ビン・ラディンとかいうような魔法使いがいて世界に呪いをかけているから、そいつをやっつけてしまえば世界は平和になるというようなものではない。この世界に呪いをかけている魔法使いたちというのは、じつはもう、呪いの解き方も忘れるほどボケているあわれな存在で、われわれとしてはそれをやっつけてしまうより、むしろ助けていたわって共に呪いから脱却する道をさぐる協力者にするしかないのである。いまの世界は悪魔の呪いにかかっていると診断するしかないが、ソフィーこそはその呪いの解き方をいちばん単純に明快に教えてくれる天使なのではないか。

戦争か平和かの鍵を握る小さな役の者たち

といって、べつにソフィーは特別な学識や経験をもっているというわけではない。彼女のたぐい稀な美徳はいつも相手に同情できることで、しかも情に流されるわけではなくて的確な判断力がある。これは苦労人的な特質と言ってよく、十八歳の少女のものというより見事に人生経験を積んで九十歳になれた女性の美徳であろう。まあ年をとりさえすれば誰でもそうなれるというわけではないが、少なくとも韓国映画のヒット作の『おばあちゃんの家』なんかはそういう典型的な理想像を示していた。

九十歳のソフィーは呪いを解いてもらう手掛かりを得るために若い美男の魔法使いハ

ウルの住む動く城にノコノコ出かけてゆくが、その途中で道端に転がっている案山子《かかし》を助けてやる。これが終始ソフィーを慕うようについてくる。この一見じつに頼りない案山子が最後には文字どおり自分の身を削ってソフィーやその仲間になった火の悪魔カルシファーの命を守ってくれる。このクライマックスは本当に素晴らしい。ソフィーが勝手に掃除婦になって乗り込んでいったハウルの動く城は、一見無敵の要塞《ようさい》のようでもあるが、案外に弱点もあるようで、ひょいとした瞬間にガタガタに崩れはじめる。城の主人で魔法を使えるハウルは隣国からの攻撃からこの国を守る戦いに出かけていって留守である。峨峨《がが》たる山野を滑り落ちながらどんどん崩れてこわれてゆく城を最後に自分の脚を削るようにしてブレーキをかけてくれるのだ。

ソフィーが案山子を抱きしめて感謝のキッスをすると、案山子は素敵な美青年に変わる。じつは彼は隣国の王子で、魔法の呪いで案山子にされていたのだ。愛する者からキッスされると呪いが解けるというのは魔法ファンタジーの定番だが、案山子をそんなに重要な存在だとは思っていなかったので、これにはアッと驚いた。そう、一見重要に見えない小さな役で出てくる者たちこそが戦争か平和かの鍵を握っているのかもしれないのだ。この王子は、彼が命がけで助けてやった人たちのひとりである荒地の魔女から「お国に帰って戦争でも止めさせなさいな」と冗談のように言われ、「そうさせて頂きます」と仕合わせそうに言って、空を飛んで帰ってゆく。それですぐ戦争が終わるわけではなさそうだが、解決への一歩ではあるかもしれない。どうも呪いにかかっているらしいわれわれの現実の世界も、こうして思いがけずひょいとそれが解ける日がくることを念じたい。

正義と悪を二分できないドラマ

ひょいと、などというとただなにもしないでなりゆきを待っているだけ、みたいだが、そうでもないと思う。ソフィーがそうしたように、魔法使いの呪いを解くためには、魔法使いを憎むのではなくて、彼らを含めてみんなで助け合うことが大事なのだ。そうしたうえで念じて、はじめて魔法が解けるときを期待できるのではなかろうか。この映画から受ける感銘は、単純に正義が勝つなんて言っていないところからきている。『もののけ姫』も『千と千尋の神隠し』もそうであったように、宮崎駿の作品は近年とみに、正義と悪を明快に二分できないところにドラマを設定するようになっている。むしろ正義と悪、敵と味方の区別が当然あると思い込んでいること自体が、なにか魔法にかけられているような状態なんじゃないかとさえ思えるような、一見混乱した、しかしよく考えると、とてもいいヒントがひらめいてくるところへ見る者を導く。

魔法使いというのは、あるいはわれわれが科学者か技術者と呼んでいる人々のことかもしれない。科学や技術は善にも悪にも変化して容易にコントロールできない。ただソフィーのような心の温かい地道なしっかり者だけが、その、コントロールできないとされた呪いの解き方をひょいと見出すことだろう。そう念じよう。

さとう・ただお●一九三〇年新潟市生まれ。一九五〇年から『映画評論』『キネマ旬報』などに映画論を発表。以後、映画・演劇・文学などの分野で数々の著作を発表している。主な著作は『わが映画批評の五十年』(平凡社)、『誇りと偏見〜私の道徳学習ノート〜』(ポプラ社)、『長谷川伸論〜義理人情とはなにか〜』(岩波現代文庫)、『日本映画史』(岩波書店)、『映画の中の東京』(平凡社)など。現在、日本映画大学学長。

［出典一覧］

・ナビゲーター・綿矢りさ　本物の美しさとは何か：書き下ろし

Part1

・スタジオジブリ物語　時代を反映した『ハウルの動く城』：『スタジオジブリ物語』（二〇一〇年／スタジオジブリ）
・鈴木敏夫　宮崎作品の中でもっとも苦労した『ハウル』：語り下ろし
・宮崎 駿　ハウルの動く城 準備のためのメモ：映画制作のための資料（二〇〇二年）
・宮崎 駿イメージボード：オリジナル編集

Part2

・山下明彦　山下の味が出ていると宮崎さんに言われました：『ロマンアルバム　ハウルの動く城』（二〇〇四年／徳間書店）
・稲村武志　自在に変化していくキャラクターの魅力：同右
・高坂希太郎　キャラの感覚を摑むことが求められる『ハウル』：同右
・武重洋二　ヨーロッパの乾いた空気を意識した背景作り：同右
・吉田 昇　抜けるような青空の下を歩く、色鮮やかな城：同右
・美術ボード：オリジナル編集
・片塰満則　擬態するCG：『ロマンアルバム　ハウルの動く城』（二〇〇四年／徳間書店）

・高屋法子　キャラクターとして立たせたかった「城」：
『ジ・アート・オブ ハウルの動く城』（二〇〇四年／徳間書店）

・ハーモニーって何？：同右

・宮崎駿「前向きな悲観論者」の本音：
『ニューズウィーク日本版』（二〇〇五年六月二十九日号／阪急コミュニケーションズ）

・映画公開当時の新聞記事を紹介！：『讀賣新聞』（二〇〇四年十月八日夕刊）

・ベネチア国際映画祭授賞式での監督インタビュー：『讀賣新聞』（二〇〇五年九月十七日夕刊）

Part3

・美輪明宏　少年の純粋はたまゆらのごとく：語り下ろし

・鈴木敏夫×山田洋次　映画を愛する二人から映画製作のススメ：
『キネマ旬報』（二〇〇四年十二月下旬号／キネマ旬報社）

・ディディエ・ペロン　ミヤザキの魔法：『リベラシオン』（二〇〇四年九月六日）を翻訳

・本田晃子　建築が飛び立つとき：書き下ろし

・西村醇子　音から読み解く「ハウル」の世界：書き下ろし

・雨宮まみ　プレイボーイには心臓がない：書き下ろし

・佐藤忠男『ハウルの動く城』の魔法とはなにか：
『スタジオジブリ絵コンテ全集14　ハウルの動く城　月報』（二〇〇四年／スタジオジブリ）

企画内容にあわせて適宜、加筆修正およびイラストの掲載を行っております。

デジタル作画
佐藤美樹　軽部　優　山田裕城　野元　力
桝内　進　松村智香　三好紀彦　上原一朗
石井立子　泉津井陽一

T2 Studio
鳥山将司　高橋賢太郎

GONZO
鈴木雅也

CGエンジニア　井上雅史

映像演出　奥井　敦

デジタル撮影　藪田順二　高橋わたる　田村　淳

録音演出　林　和弘

整　音　井上秀司

効　果　野口　透

フォーリー　帆苅幸雄
北田雅也　岡瀬晶彦　伊藤瑞樹
効果協力　成田一明　ベルトラン・ルノディノー　木村ひろみ
収録スタジオ　東宝サウンドスタジオ
竹島直登
アバコクリエイティブスタジオ
金子裕一　篠原麻梨
録　音　東京テレビセンター
門倉　徹　岩名路彦
今泉　武　宮沢二郎
光学録音　上田太士
デジタル光学録音　西尾　昇
ドルビーフィルム・コンサルタント　河東　努　森　幹生（コンチネンタルファーイースト株式会社）
dtsマスタリング　近田まり子　相川　敦
キャスティング・プロデュース　PUGPOINT・JAPAN
畠中基博　安　直美　佐藤あゆみ
音響制作　フォニシア
好永伸恵

指揮・ピアノ　久石　譲
演　奏　新日本フィルハーモニー交響楽団
トランペット　ミロスラフ・ケイマル（チェコ・フィルハーモニー管弦楽団）

レコーディング＆ミキシングエンジニア　浜田純伸
レコーディングエンジニア　秋田裕之
音楽収録　ワンダーステーション
すみだトリフォニーホール
音楽制作マネージメント　ワンダーシティ
岡本郁子　橋本幸彦

ポストプロダクション　稲城和実
古城　環　津司紀子
ポストプロダクションデスク　川端俊之　長澤美奈子

タイトル　真野　薫　マリンポスト

編　集　瀬山武司

編集助手　内田　恵　松原理恵　木村佳史子

制作担当　渡邊宏行
制作デスク　神村　篤　望月雄一郎
制作進行　居村健治　齋藤純也　伊藤郷平
演出助手　清川良介　鳥羽洋典

制作業務担当　野中晋輔
制作業務　荒井章吉　白木伸子　西村義明
プロデューサー補　石井朋彦
広　報　西岡純一　鵜飼由美子　机　ちひろ
田村智恵子　伊藤　望
音楽著作権　長井　孝
キャラクター商品開発　今井知己　浅野宏一　安田美香
熱田尚美
出　版　田居　因　筒井亮子　渋谷美音
禰津亮太　生江裕子　北沢聡子
イベント担当　橋田　真　田中千義　槙原彰治
制作マネージメント　高橋　望

管理担当　島宮美幸
管　理　一村晃夫　伊藤久代　山本珠実
藤津英子　沼沢スエ子　藤田昌子
告　きよ子
システム・マネージメント　北川内紀幸　佐々木さとみ

協　力
オートバーグ　奥日立きららの里　羅須地人鉄道協会
成田ゆめ牧場　アビッド テクノロジー　Softimage
山﨑文雄　広瀬春奈　盛谷尚也　黒河内　豊
福田啓二　保志忠郊　新武岳司　工藤浩明
田中博臣　吉原　純　廣瀬　進　森田正樹
笠原大輔　松村綾子　大山　稔

特別協力　ローソン　読売新聞

原　作　ダイアナ・ウィン・ジョーンズ
「魔法使いハウルと火の悪魔」（徳間書店刊）

脚　本　宮崎　駿

音　楽　久石　譲

主題歌　「世界の約束」
作詞　谷川俊太郎
作曲　木村　弓
編曲　久石　譲
歌　倍賞千恵子
（徳間ジャパンコミュニケーションズ）

山浦由加里　菅原隆人　下平啓介　中里　舞
谷平久美子　金子由紀江　中西雅美　鈴木綾乃
小山正清　田名部節也　岩田純枝　中島弘晶
中野洋平　上谷公要　中村秀雄　岩上由武
古屋大輔　渋谷　勤　近藤梨恵　西河広美
寺田久美子　伊藤かおり　廣田和佳　佐々木祐子
辻　仁子　石井邦俊　大原真琴　三輪　修
松田哲明　清水昌之　斉藤佐保　藤田裕子
山田幸宣　柿沼由記子　牧野大介　平松岳史
狩野正志　細萱明良　臼井里江　北村まゆ美
徳永香織　森　亜弥子

作画協力
アニメトロトロ　中村プロダクション　スタジオたくらんけ
スタジオコクピット　オープロダクション　動画工房
作楽クリエイト　LIBERTY SHIP　マッドハウス
プロダクションI.G

作画監督　山下明彦　稲村武志　高坂希太郎

原　画
田中敦子　賀川　愛　山田憲一　芳尾英明
山森英司　小野田和由　鈴木麻紀子　松尾真理子
田村　篤　米林宏昌　奥村正志　横田匡史
松瀬　勝　二木真希子　篠原征子

近藤勝也　杉野左秩子　山川浩臣　粟田　務
武内宣之　君島　繁　桝田浩史　大杉宜弘
橋本敬史　増田敏彦　八崎健二　田中雄一
浜洲英喜　大平晋也　小西賢一　重田　敦
山田勝哉　大塚伸治

美術監督　武重洋二　吉田　昇

背　景
田中直哉　春日井直美　伊奈涼子　平原さやか
福留嘉一　長田昌子　糸川敬子　矢野きくよ
増山　修　大森　崇　高松洋平　西川洋一

渡邊洋一　谷口淳一　芳野満雄　永井一男
甲斐政俊　伊奈淳子　久保田正宏

男鹿和雄　背景レイアウト協力／高畠　聡

ハーモニー処理　高屋法子

動画チェック　舘野仁美　中込利恵

動画チェック補　藤井香織　鈴木まり子　斎藤昌哉

動　画
手島晶子　中村勝利　大村まゆみ　北島由美子
坂野方子　アレキサンドラ・ワエラウフ　大橋　実　笹川周子
海内　努　佐藤雅子　今野史枝　山田伸一郎
高橋もよ　廣田俊輔　笹木裕美　野口美律
末広祐美子　北澤康幸

東　誠子　西戸スミエ　槙田喜代子　土岐弥生
富沢恵子　矢地久子　宮田知子　太田久美子
藤森まや　椎名律子　大谷久美子　岩柳恵美子
鳥羽明子　安達晶彦　松下敦子　林　良恵
梅林由加里　山本理恵

色彩設計　保田道世

色指定補佐　高柳加奈子　沼畑富美子　山田和子

デジタルペイント
森　奈緒美　石井裕章　田村雪絵　大山章博
岡田理恵　斉藤清子　高橋広美　熊倉　茜
藤岡陽子

トレース・スタジオM
大槻ひろ子　金内順子

T2 Studio
高橋加奈子　横山由妃　大蔵芙美乃　川又史恵
桐生春奈　清水亜紀子　斉藤美智子　南城久美
飯島弘志　内田竜司

デジタル作画監督　片塰満則

声の出演

ソフィー	倍賞千恵子
ハウル	木村拓哉
荒地の魔女	美輪明宏
カルシファー	我修院達也
マルクル	神木隆之介
小姓	伊崎充則
かかしのカブ	大泉　洋
国王	大塚明夫
ヒン	原田大二郎
サリマン	加藤治子

保村　真	村治　学	つかもと景子	香月弥生
佐々木誠二	高橋広司	八十川真由野	菅野莉央
高橋耕次郎	櫻井章喜	栗田桃子	目黒未奈
大原康裕	田中明生	山田里奈	半場友恵
鍛治直人	関　輝雄	片渕　忍	乾　政子
大林洋平	宮島岳史	水落幸子	小泉真希
西岡野人	明石鉄平	大西玲子	尾方佑三子
上川路啓志	清田智彦	金子加於理	中島愛子
桑原　淳	小林優太	野村悠子	福士珠代
竹谷敦史	田中宏樹	藤崎あかね	松岡依都美
中川義文	松角洋平	栁橋朋典	安田　顕
森崎博之	佐藤重幸	音尾琢真	

宣伝プロデューサー　伊勢伸平

東宝 メイジャー　上田美和子　川本めぐみ　西田信貴
脇坂守一　岡村尚人　土屋勝
福田のぞみ　菅野泰史　中西藍
香川栄美　平野美紗　高藤彩加
小柳道代

原美恵子
渡辺美佳　細川裕以　折原裕之

特別顧問　徳山雅也　矢部勝

予告篇制作　ガル・エンタープライズ
板垣恵一

海外プロモート担当　スティーブン・アルパート
武田美樹子　井筒理枝子　網崎直

現像　IMAGICA
フィルム・レコーディング　豊谷慎吾
柴田祐男　本間政弘
カラー・マネジメント・システム　遠藤浩平
山井哲也　松本渉
タイミング　平林弘明
デジタル・シネマ・マスタリング　灰原光晴
ラボ・コーディネート　志村由布子
ラボ・マネジメント　川又武久

DOLBY DIGITAL SURROUND・EX IN SELECTED THEATRES

dts ES

「ハウルの動く城」製作委員会

徳間書店
松下武義　牧田謙吾　岩渕徹
三ッ木早苗　中澤哲夫　萩生田誠

日本テレビ放送網
氏家齊一郎
細川知正　平井文宏　大澤雅彦
福田和美　門屋大輔　中村知純
中村博行　柳沢典子　平方真由美

電通
俣木盾夫　髙嶋達佳　森隆一
杉山恒太郎　島本雄二　千野毅彦
種村達也　横山真二郎

ブエナ ビスタ ホーム エンターテイメント
星野康二　塚越隆行　平野舞子
岸本光司　村中優子　永見弥映子

ディーライツ
山本哲也　鈴木大三　板橋徹
西村浩哉　新井紀乃

東宝
高井英幸　島谷能成　瀬田一彦
市川南

製作担当　奥田誠治　福山亮一

制作　スタジオジブリ

プロデューサー　鈴木敏夫

監督　宮崎駿

宮崎駿 プロフィール

アニメーション映画監督。一九四一年一月五日、東京生まれ。

六三年、学習院大学政治経済学部卒業後、東映動画（現・東映アニメーション）入社。『太陽の王子　ホルスの大冒険』（'68）の場面設計・原画等を手掛け、その後Aプロダクション（現・シンエイ動画）に移籍、『パンダコパンダ』（'72）の原案・脚本・画面設定・原画を担当。七三年に高畑勲らとズイヨー映像へ。日本アニメーション、テレコムを経て、八五年にスタジオジブリの設立に参加。その間『アルプスの少女ハイジ』（'74）の場面設定・画面構成、『未来少年コナン』（'78）の演出などを手掛け、『ルパン三世　カリオストロの城』（'79）では劇場作品を初監督。雑誌『アニメージュ』に連載した自作漫画をもとに、八四年には『風の谷のナウシカ』を発表、自ら原作・脚本・監督を担当した。

その後はスタジオジブリで監督として『天空の城ラピュタ』（'86）『となりのトトロ』（'88）『魔女の宅急便』（'89）『紅の豚』（'92）『もののけ姫』（'97）『千と千尋の神隠し』（'01）『ハウルの動く城』（'04）『崖の上のポニョ』（'08）『風立ちぬ』（'13）を発表。最新作は『君たちはどう生きるか』（'23）。

『千と千尋の神隠し』では第五十二回ベルリン国際映画祭金熊賞、第七十五回アカデミー賞長編アニメーション映画部門賞などを受賞しており、『ハウルの動く城』では、第六十一回ベネチア国際映画祭でオゼッラ賞を、続く第六十二回同映画祭では、優れた作品を生み出し続けている監督として栄誉金獅子賞を受賞している。二〇二四年三月には『君たちはどう生きるか』で第九十六回アカデミー賞長編アニメーション部門賞を受賞した。